İstanbul 1921 - Ankara 1922

Makaleler - Anılar

Magdeleine Marx

Çev.: Ahmet Şensılay

Sosyal Tarih Yayınları Çeviri Dizisi: 1

©TÜSTAV İktisadi İşletmesi

Bu yapıtın telif hakları TÜSTAV İktisadi İşletmesi'ne aittir, izin alınmadan kullanılamaz.

1. Basım Ekim 2007

ISBN- 978-975-8683-63-5

TÜSTAV İktisadi İşletmesi
Kocatepe Mah. Feridiye Cad.
No: 20 Taksim - İstanbul
Tel   : 0212 237 98 92
Faks : 0212. 237 98 93
Url   : www.tustav.org
e-posta : bilgi@tustav.org

Kapak Tasarımı: Boran Üstün
Baskıya Hazırlık: Orhan Demirbağ
Baskı-Cilt: Ladin Matbaacılık/ 0.212.485 89 30-31

İstanbul 1921 - Ankara 1922

Makaleler - Anılar

Çev.: Ahmet Şensılay

4

Sunu

Magdeleine Marx, Savaş sonrasının işgal altındaki İstanbul'una geliyor 1921'de. Ardından 1922'de Rusya üzerinden denizaltı ile yapılan maceralı bir yolculukla Karadeniz kıyılarına çıkıyor Komintern görevlisi küçük bir gurup arkadaşıyla. Türkiye Halk İştirakiyun Fırkası Kongresi'ne katılıyor, Ankara'yı gözlemliyor.

İstanbul gezisinin izlenimlerini Fransız Komünist Partisi'nin gazetesi *L'Humanité*'de yayınlıyor. 1922'deki Ankara yolculuğuna ilişkin anı-romanı *La Perfide* ise, 1925 yılında Gallimard yayınevi tarafından kitap olarak piyasaya çıkartılıyor.

Türkiye'de o yıllara ait bilgi ve belgelerin büyük çoğunluğu resmi tezleri yansıtırken, dışarıdan bir komünistin bakışı bugünden bakınca da önemli olmalı.

M. Marx, zaman zaman bir komünistten çok "Batılı Orientalist" bakış açısına sürükleniyor. Kuşkusuz bu da kitabı bir başka açıdan ilgi çekici kılıyor.

***

M. Marx yazılarında bazı isimleri, bazı tarihleri vb. karıştırıyor, yanlış yazıyor. Redaksiyonda kitabın orijinaline dokunmadan bu yanlışları parantez içinde ve (*) işareti koyarak dipnotuyla düzeltmeyi seçtik.

Bazen de okurun anlamasını kolaylaştıracak kısa açıklamaları (*) işareti ile dipnotu olarak verdik.

80 Yılı aşan bir süre önceden gelen ve tarihsel değeri olan metinlerin orijinalliğini bozmamak üzere metinde herhangi bir değişiklik yapmamak için bu yöntemi seçtik.

***

Sayın Arif Mardin, M. Marx'ın Türkiye izlenimlerinin yayınlandığı *L'Humanité* Gazetesi'nin ilgili sayılarının fotokopilerini ve Gallimard Yayınevi'nden çıkan anı-romanı sağlayarak Vakfımıza ulaştırdı ve kitabın yayınlanmasına büyük katkı yaptı.

Gündüz Mutluay

Öndeyiş

Türklerin zaferi emperyalizmin bozgunudur*

Sadoul, "Proleterler bunu anlamalı ve buna göre davranmalı," diyor.

Komünist Enternasyonal tarafından görevlendirilen Jacques Sadoul yoldaş, İngiliz ablukası nedeniyle Karadeniz'i bir denizaltıyla geçerek, 15 Ağustos günü Anadolu'ya ulaştı**.

Kuşkusuz bir gün gelecek ve Sadoul da Türklerle yürüttüğü faaliyetin raporunu, herhangi bir sakınca doğurmaksızın sunabilecektir. O gün geldiğinde, diğer şeylerin yanı sıra o Fransız emperyalizminin temsilcilerinin şahsına yönelik caniyane girişimlerini olduğu gibi, İngiliz emperyalizmine duyduğu nefretin, ayrıca proleter direnişlerinin yarattığı korkunun kendisini Ankara isyancı hükümetinin kollarına atışını anlatacaktır.

O günlerin gelmesini beklerken, Anadolu gazetelerinde Eylül'ün ilk günlerinde yayınlanan aşağıdaki çağrıyı bizlere de yapıyor. O tarihten bu yana olayların akışı hızlanmış olmakla birlikte Sadoul'un çağrısı değerini ve güncelliğini koruyor:

Arkadaşlar,

Yeni savaşlar, Küçük Asya topraklarını kana boyuyor. Türkiye Büyük Millet Meclisi ordularının başarıları gelişiyor. Yunanlıların yenilgisi, tam bir bozguna dönüştü. Barış yapmanın zamanı geldi.

Savaşan bu uluslara gereken, siyasal ve ekonomik bağımsızlıklarını tam güvenceye alacak, eşit ve adil bir barıştır. Gerek Yunan halkı, gerekse

---

* Sadoul'un bu makalesi *l'Humanité* gazetesinin 12 Ekim 1922 günlü nüshasında yayımlanmıştır.
** Sadoul, Magdeleine Marx gibi Türkiye Halk İştirakiyun Fırkası Kongresi'ne katılan Komintern delegasyonu üyesidir.

Türk halkı, her iki taraf için de gerekli olan bu barışı uzun zamandan beri istiyor.

Bu sonucu belirleyici dönemde Avrupa proletaryasına düşen görev, bu savaşı kışkırtanların ve bunların en tehlikelisi olan Britanya emperyalizminin maskesini indirmek ve bunlarla mücadele etmektir.

Daha dün, Türk-Yunan çatışmasını kışkırtan, Lloyd George hükümetidir. Bu çatışmayı bugün azdıran da odur. Uysal ve itaatkâr bendesi Kral Konstantin'i yarın bu çatışmayı sürdürmeye zorlayacak olan da odur. Eğer çatışmalar o yönde gelişir ve ateşkes yapmak kaçınılmaz hale gelirse Yunanlı paralı askerleri barışa zorlayacak, ama bu arada kadersiz Türk ulusunun zaferinin meyvelerinden yararlanmasını engellemek için elinden gelen her şeyi yapacak ve her türlü araca başvuracak olan da odur.

Londra borsasının sadık, ikiyüzlü, inatçı, yapışkan ve acımasız uşağı olan Lloyd George, katliamın sürüp gitmesinden yanadır. Bu uğursuz planını hayata geçirebilmek ve Türkiye'yi İngiliz boyunduruğunda ezebilmek için, gerekirse bu iki halkı da son ferdine kadar kırdırmaktan geri kalmayacaktır.

Arkadaşlar, bu iğrenç hesaba göz yummak açık bir cinayettir.

Bu iğrenç ve rezil Sevr Antlaşması'nın uygulanması sadece Türk devletini siyasal bakımdan öldürmekle kalmayacak, ulusal ve ülkesel bütünlüğünü de yok edecektir. Böyle sefil bir zafer İngiliz kapitalizmine yalnız mükemmel bir ganimet sağlamakla kalmayacak, Anadolu'nun yeraltı ve yerüstü zenginliklerinin ve emekçi kitlelerinin acımasızca sömürülmesine de imkân verecektir.

Cebelitarık'a ve Süveyş Kanalı'na çoktan beri yerleşmiş bulunan ve Konstantinopl'de de hüküm süren İngiliz burjuvazisi, Akdeniz'in üç kapısının kilitlerini de ele geçirmiş ve böylelikle bu denizi bir İngiliz Gölü'ne çevirmiş bulunmaktadır. Ne var ki böylelikle de, rakip güçler arasında varolan ve büyük güçlükler pahasına sağlanabilmiş dengeleri kendi çıkarı için örselemekte ve yeni bir silahlı çatışma riskini alabildiğine çoğaltmaktadır.

Balkanlar'a hakim durumda olup Küçük Asya'da da yerleşmiş durumdaki bu güç, sömürgeci ordusunu bu topraklar üzerinde, Asya ve Afrika'daki kazanımlarını da güvenceye alacak bir stratejik pozisyonda konuşlandırmış bulunmaktadır. Bu uçsuz bucaksız sömürge imparatorluğunun bir ucundan öbürüne çabuk bir ulaşım sağlayan ve askeri birliklerini istenen yere hızlı bir şekilde yığmasına imkân veren demiryolu hatlarının yapılmasıyla, boyun eğdirilmiş halkların bağrında doğabilecek başkaldırı hareketlerini çabucak ezmek ve henüz bağımsızlıklarını koruyabilen ve sınırları belirgin şekilde çizilmemiş olan, İran ve Afganistan gibi ülkelerin halklarının varlıklarına yönelik bir tehdit oluşturmak imkânını bulmuştur.

Sonuç olarak İngiliz-Yunan ittifakının zaferi, sadece Türkiye'ye yönelik bir tehdit oluşturmanın ötesindedir. Böyle bir gelişme yeni bir dünya savaşı olasılığını da arttıracak, Hindistan ve Mısır üzerindeki zinciri daha da sıkacak ve emperyalizm tarafından tehdit edilen, baskı altında tutulan ve sömürülen tüm Asya ve Afrika halkları üzerindeki konumlarını güçlendirecektir.

Böylelikle bu gözü doymaz emperyalizmi daha da güçlendirecek, böylece Fransa ve İngiltere emekçilerinin zincirleri de büsbütün sağlamlaştırmış olacaktır.

Arkadaşlar, emperyalizme karşı mücadele, Komünist Enternasyonal'in en temel görevlerinin başında gelmektedir.

Uçsuz bucaksız sömürge topraklarının insafsızca soyulması, Asyalı ve Afrikalı yüz milyonlarca insanın köleleştirilmesi, Avrupa kapitalizmine (ve özellikle de İngiliz kapitalizmine) akıllara durgunluk verecek büyüklükte kazançlar sağlamakta, bu kazançlar da onların savaşın yükselttiği ekonomik kaos ortamında metropollerde yaşanan krizleri aşabilmelerine ve devrimci hareketlerin patlak vermesini geciktirebilmelerine yaramaktadır.

Çünkü Komünist Enternasyonal'in tüm ulusal birimlerine ve dünyanın tüm komünist partilerine çağrı yaparak Doğu'daki devrimci hareketlerin mutlaka desteklenmesi gerektiğini bildirdiğinin ve Avrupalı proleterleri sömürge ve yarı sömürge ülkelerin emekçilerine bağlayan sıkı bağların çok açık ve net bir biçimde bilincindedir.

Doğu'daki geri kalmış halkların siyasal ve ekonomik bakımdan gelişmeleri ile emperyalist güçlerin bu coğrafyada da zayıflatılmaları ve yıpratılmaları, III. Enternasyonal'in temel hedefleri arasındadır.

Bu ilkeleri tam olarak benimseyen Rus Komünist Partisi, Doğu'daki devrimci hareketin desteklenmesini aralıksız sürdürmektedir.

Bağımsız bir Türkiye'yi kurmak amacıyla Anadolulu köylü yığınları tarafından başlatılan isyan, daha en başından itibaren Sovyet iktidarının şahsında, en sadık, en güvenilir ve en kalıcı müttefiğini bulmuştur.

Özgürlükleri için mücadele eden Türkiye emekçilerine destek olmak, Fransız ve İngiliz emekçilerinin de görevidir.

Fransız Komünist Partisi ve onun itkisiyle muhtelif proletarya örgütleri, emperyalist Millerand-Poincaré Hükümeti'ni Küçük Asya'daki sömürgeleştirme programlarını durdurmaya, Kilikya'yı boşaltmaya ve Türkiye Büyük Millet Meclisi Hükümeti'yle uzlaşmaya zorlamak için büyük gayret sarf etmiştir. İngiliz kapitalizminin hegemonyasının kaygıları ve nefretinin en az ekonomik kaynakları kadar büyük ve güçlü olduğu ve daha yaygın ve uzun soluklu bir çabayı sürdürmek için çok daha iyi silahlanmış bulunduğu için, ezilen ve sömürülen halkların direnişleri de o ölçüde kahramanca bir çabayla sürdürülmektedir; gerçekten de komünistlerin ülke genelinde ve parlamentoda aralıksız yürüttükleri kamuoyu oluşturma çalışmaları, Fransız Hükümeti'nin Ankara'ya ödünler vermesini ve uzlaşma siyasetine yönelmesini hızlandırmıştır.

Her iki ülkenin komünistleri Fransa'daki ve İngiltere'deki tüm devrimci, demokratik ve liberal güçlerin katılacakları bir konferansı ivedilikle toplamalı ve "Türkiye'den elinizi çekin" çağrıları yapmalıdır. Türkiye'ye karşı tek bir adama, tek bir kuruşa hayır!

Britanya emperyalizminin Doğu sorunu dramında oynadığı başrol nedeniyle İngiliz emekçilerinin Fransız kardeşleriyle ilişkili olarak göstermeleri gereken çabalar, özellikle çabuk ve güçlü olmalıdır.

Ulusal Meclis'e dönük olarak yapılacak etkili girişimlerle, basında ve ülke genelinde aralıksız olarak sürdürülecek toplantılar ve gösteri yürüyüşleriyle, boykotlar ve grevlerle, kullanılabilecek olan tüm araçlara başvurarak, Lloyd George'un emperyalist politikalarının maskesi indirilmeli, bu utanca son verilmeli ve bu tehlikelerle mücadele edilmelidir.

Kara ve deniz ulaşım araçlarında ve doklarda çalışan emekçiler, silah ve cephane fabrikalarında çalışan işçiler, Yunan Ordusu'na gönderilmek istenen her türlü malzemenin, aracın ve gerecin üretimini, yüklenmesini ve nakliyesini reddetmek, böylelikle Türk bağımsızlığına tam destek vermek durumundadır.

Arkadaşlar,

Kaybedilecek tek bir saat bile yoktur.

On iki yıldan bu yana son derece yıpratıcı bir savaş süreci yaşamış olan Türk halkının çilesine, ne pahasına olursa olsun, bir son vermelisiniz.

Türkiye ile Yunanistan arasında derhal onurlu ve kalıcı bir barış yapılması için,

Doğu halklarının genel kurtuluşunun ilk adımı olarak Türk ulusunun bağımsızlığı için,

İngiltere'nin köleci emperyalizmine karşı,

Proletarya devrimi için,

Herkes iş başına!

Jacques SADOUL

03.11.1921

**Bir soruşturmanın ilk unsurları
"L'Humanité" Doğu'da**

Zamanımızın özellikleri, orada, burada olduğundaen çok daha iyi kavranıyor.

***

Arkadaşımız Magdeleine Marx, Doğu gezisinden dönüşte, l'Humanité'ye, orada yaptığı incelemeler hakkında açıklamalarda bulundu.

Burada yayınlayacağımız yazılarında okurlarımız şairlerin genellikle bir fantezi maskesi ardına sakladıkları Doğu'nun gerçek yüzünü bulacaklar.

***

Enternasyonal'in İkinci Kongresi'nden sonra Rus yoldaşlarımızdan G. Safarov*, "Doğu canlı tarihtir," diyordu.

Doğu'da yaşamayan ve orayı görmeyen -gerçek anlamda görmeyen- birisi için bu cümlenin taşıdığı sentezi anlamak, öyle sanıyorum ki, mümkün değildir.

Oraya gidip toplumsal yaşama katıldığınızda ve gözlemlediğinizde, bunu olanca gerçekliğiyle görüyorsunuz: Doğu tüm tarihiyle birlikte ayakta ve ilkel komünal toplumun bazı kurumlarının orada hâlâ yaşadığını görüyorsunuz; ataerkil ve feodal gelenekler geçen yüzyıllara direnmiş ve bir yandan sınıf mücadelesinin çağımızdaki aşaması son derece basite indirgenmiş olarak açık seçik görülüyor; öte yandan bu savaş, dünyanın hiçbir yerinde olmadığı kadar zorlu bir biçimde yaşanıyor.

---

*Hasan Gulam SAFAROV (1898-1938), Nahçivan doğumlu, milliyeti Türk, SSCB vatandaşı, 1920'li yıllarda Komintern Yürütme Kurulu ve Doğu Sekreterliği üyeliği, Azerbaycan Komünist Partisi (Bolşevikler) MK Tarım Şubesi Başkanlığı yaptı.

Bizim Batı'daki "demokratik" ülkelerimizde, özelliklerini henüz pek az insanın anlamaya başladığı içinde yaşadığımız çağın gerçeği, orada daha iyi anlaşılıyor. Bizim ülkelerimizde varolan eşitsizlikler, bazı konulardaki sözde eşitliklerle yüzeysel olarak giderilirken, orada bu bile söz konusu değil: Temel hak ve özgürlüklerin musluklarını ellerinde tutanlar, sistem açısından tamamen zararsız olan özgürlükler için bile pazarlığa yanaşmıyor, adalet adına tam bir adaletsizlik ve düzen adına da tam bir kargaşa hüküm sürüyor. Bu durumda bir düzen kavramı, ancak ütopya olarak ortaya çıkabiliyor.

Bizde yargıda esas itibariyle belli bir nitelik aranır ve -toplumsal kötülük kendi etimizi ısırmadığı sürece- doğru ile yanlışı ayırt etmek ve toplumsal gerçekçiliği pozitif anlamda gözardı etmemek için, belli ölçüde bir aydın cesareti sergilenir.

Orada ise, her şey çok daha basittir. Sorunun, burada olduğu gibi bin bir değişik ve örtülü görüntüsü yoktur. Sorun tektir ve açıkça bellidir. Efendilerin ve kölelerin tarihi varoluşunu doğuda, zaman ve mekân boyutlarıyla birlikte, yani her yerde ve her zaman, kesintisiz olarak sürdürmektedir.

Çağdaş tarih ise, çok çabuk ve kaba hatlarla çizilmektedir. Aceleyle ve hızla yol almakta, bazı konularda da içinde bulunduğumuz aşamanın dahi önüne geçebilmektedir. Dünyanın tüm sömürücü güçleri kurbanlarının üzerine atılmış ve tüm bir halk, yenilmiş durumdadır. "Uygar Dünya" çok uzaklardadır ve bu durumu protesto edecek hiç kimse yoktur. Bu "uygarlar", kendi ortamlarında, biraz utanıp sıkılarak, sanki tepki gösterir gibi yapmakla birlikte, aslında keyiflerini hiç bozmamaktadırlar. Orada ise bu alçaklık çok açık bir şekilde yapılmakta, barış içinde bir savaş yürütülmektedir: Bu, hiçbir önlem alınmaksızın, hiçbir gizlemeye başvurulmaksızın, çok açık bir ikiyüzlülükle sürüp gitmektedir. Hukuk, adalet ve uygarlık yüzyılında insanlar öldürülüyor, cinayetlere kurban gidiyor, soyuluyor, yasaklanıyor, aşağılanıyor, sömürülüyor, izleniyor, hapislere tıkılıyor, açlıktan öldürülüyor, av hayvanları gibi avlanıyor, ispiyonlanıyor, şehit ediliyor; sokak ortasında, gündüz gözü, kentlerin göbeğinde kurşunlanıyorlar...

Yineliyorum; her şey son derece basit. Burada üç emperyalizm kapışıyor; her üçü de aynı şeylerin peşinde. Batıda buna karşı bir takım hatalı tepkiler gösteriliyor ve protestocular karşılıklı olarak birbirlerini yaralıyor. Artık bağlaşıklık diye bir şey yok; bunlar birbirlerine rakiptir ve düpedüz, düşmandır. Ortalık öylesine kızıştı ki, tüm maskeler düştü: Şimdi, savaşı kazananların içersinde hangisinin daha çok kazandığını görmek mümkün. İngiliz diğerlerini sildi, süpürdü: İtalyan ile Fransız kötülük yapmak için hâlâ yeterince güçlüler, ama başı çekecek durumda da değiller: Biri bu yolda henüz çok yeni, öbürü ise köhneleşmiş ve yıpranmış.

İşte bütün bu nedenlerle, kapitalizmin henüz pek az gelişebilmiş olmasına karşın gerek coğrafi konumu, gerek tarihi ve gerek özel koşulları bakımından (sınıf egemenliğinin yabancı güçler ile birlikte örgütlenişinin niteliği ile yerel toplulukların üstyapılarının niteliği bakımından) bu ülke, gerçekten de tarihsel bakımdan tüm açgözlülüklerin ve hırsların odaklandığı yer olmaktadır ve bugün, yani savaş sonrasında, devrimci dünya ile karşı devrimci ülkelerin yolları, burada kesişmektedir. Dikkatli bakıldığında görülüyor: Ateşi tutuşturacak kıvılcım, buradan çıkacak!

Batıda bu yeterince bilinmiyor. Aslında yeterince değil, hiç bilinmiyor! Bizim gözümüzde Türkiye, sanki sadece bir "edebiyat" öznesi ve nesnesi olarak -renkleri ve masalları ile- Doğu'dur ve savaşta yenilmiş bir ülkedir. Orada neler olup bittiği, nelerin mayalandığı konusunda ya pek belli belirsiz bir fikir var ya da o bile yok!

Doğu sorununa günümüzün gerçeklikleri bakımından çok yönlü olarak yaklaşmaya ve öznel unsurları birbirleriyle karıştırmaksızın, ayrı ayrı irdeleyip incelemeye, böylelikle güncel olarak oynadığı role ve dünya devriminin kavşağındaki konumuna oturtmaya gayret ettim.

Birbirinden değişik ortamlara girdim, sorguladım ve dinledim, ziyaret edilmesine izin verilen ve verilmeyen ne varsa hepsini ziyaret ettim. Sadece olgulardan, rakamlardan ve gerçekliği kanıtlanmış verilerden yola çıkarak yargıladım, doğruluğundan mutlak biçimde emin olmadığım verileri ve özgün olmayan belgeleri hiç hesaba katmadım; her türlü kişisel duygulardan ve önyargılardan uzak durmaya elimden geldiğince özen gösterdim ve sadece kendi gözlerimle gördüklerimi anlattım. Yazı dizime başlarken, ele aldığım konuları yeterince derinlemesine irdeleyememiş olmamdan ötürü özür diliyorum: Çünkü gazetede nihayet birkaç sütunum var! Oysa, ciltler dolusu şey yazabilirdim...

4.11.1921

Yenik Düşmüş Türkiye

Her şeyden önce kendimizi yerel bir bakış açısına yerleştirelim ve günümüzdeki Türkiye'nin neyin nesi olduğunu soralım. Onun bugününü ve yarınını sorgulayacağımıza göre, barış antlaşmasının neler getirdiğini birkaç satırla da olsa hatırlamamızda yarar var; çünkü bugün orada olan olayları, bu antlaşmanın bazı maddelerinin uygulanmasıyla açıklayabiliriz.

1) Türk egemenliği Konstantinopl'da ancak şarta bağlı olarak söz konusu olup, Türk yetkililerin antlaşmanın öngördüğü hükümlere tam olarak uymamaları halinde müttefikler, durumun gerektirdiği her türlü önlemi almakta serbesttirler.

2) Boğazlar'da (İstanbul ve Çanakkale boğazları ile Marmara Denizi'nde) gemi trafiği, müttefiklerin oluşturdukları bir komisyonun denetimine bağlıdır.

3) Türk Hükümeti, Edirne de dahil (ki 1366'dan 1453'e dek, Osmanlı devletinin başkentiydi) olmak üzere Trakya'yı ve Gelibolu Yarımadası'nı Yunanistan'a bırakır. İmroz, Bozcaada, Limni, Semadirek, Midilli, Sisam, Sakız ve antlaşmada sayılan tüm diğer Ege Denizi adaları ile İzmir Vilayeti ve bölgesi üzerindeki hükümranlık haklarından Yunanistan lehine vazgeçer.

4) Bağımsız bir Kürt devletinin kurulması öngörülmektedir.

5) Türkiye, Ermenistan'ın, Suriye'nin, Mezopotamya'nın ve Hicaz'ın bağımsızlıklarını kabul eder ve tanır. Filistin İngiltere'nin himayesine bırakılmış, burada bir Yahudi ulusal bölgesinin oluşturulması öngörülmüştür.

6) Türkiye, Mısır üzerindeki her türlü hakkından, 5 Kasım 1914 tarihi itibariyle vazgeçer ve İngiltere'nin Mısır üzerindeki himayesini tanır. Britanya ve Mısır hükümetlerinin Sudan'ın yönetimine ilişkin olarak imzaladıkları 19 Ocak ve 10 Temmuz 1899 tarihli antlaşmaları tanır.

7) Türkiye Fransa'nın Tunus ve Fas üzerindeki himayesini tanır.

8) Türkiye, 12 Ekim 1912 tarihli Lozan [*doğrusu Ouchi/Uşi, ç.n.*] Antlaşması'yla Sultan'a Libya üzerinde tanınan ayrıcalıklardan vazgeçmeyi kabul eder. On iki Adalar ve Meis üzerindeki hükümranlık haklarından İtalya lehine olmak üzere vazgeçer.

9) Kilikya ve Batı Suriye; Fransız, Mezopotamya; İngiliz, Antalya bölgesi; İtalyan ve Doğu Suriye de; Hicaz Krallığı'nın manda idarelerine bırakılmıştır.

Bir bölge haritasına bakmak, yeterli olacaktır. Türkiye'ye bırakılan topraklar Anadolu'nun bir bölümü ile İstanbul'daki koşullu hükümranlık hakkıyla sınırlıdır.

Bu koşullar bir kez kabul edildikten sonra ve Konstantinopl'ün ateşkesin imzalanmasından itibaren üç müttefik gücün, İngiltere'nin, Fransa'nın ve İtalya'nın kontrolüne bırakılmasının kabulünden sonra kentteki durum neydi ve oradaki yaşam nasıldı?

Konstantinopl'de bir gezinti

Okurlarım boşu boşuna kaygılanmasınlar; önlerine Pierre Loti tarzı bir tablo koyacak değilim, Kapalıçarşı tarzı bir gözbağcılıkla yanıltacak da değilim... Bugünün Türkiye'si romancıların düşlerini süsleyen bir ülke olmaktan çıkmış bulunuyor ve bazı görkemli görüntüler bir yana bırakılacak olursa -altın yaldızlı saltanat kayıkları, Boğaziçi kıyılarındaki muhteşem yalılar, gizemli has bahçeler- bugünün mahzun Bizans'ında dünden eser yok!... Bugün orada gözlerinize batan ve boğazınıza bir yumruk gibi tıkanan şey, sözcüklerle anlatılması mümkün olmayan, iğrenç, eşi görülmedik, uzlaşılamaz ve dehşet verici bir tiranlıktır!

Şu anda Konstantinopl, hani bir zamanlar çok güzel oldukları söylenen kadınlar gibidir. Nasıl ki onların da bazı hatları halen de görülebilir ve geçmişte kalan güzellikleri hakkında iyi bir fikir verebilir; bu kentin de eşsiz konumu ve inanılması güç görkemli güzelliği hemen fark edilmektedir: Boğaziçi hep oradadır, ama üzerinde, namlularını sahillere çevirmiş olan dev savaş zırhlıları demirlemiş bulunmaktadır; hâlâ görkemlerini koruyan bazı çok güzel binalar vardır, ama bunların üzerinde müttefiklerin bayrakları dalgalanmaktadır; günümüzün çağdaş kentinin gururu olarak dikilen birkaç tane saray hemen göze çarpmaktadır, ama bunlar müttefik subaylarıyla doludur ve o güzelim bahçelerde, bu askeri üniformalı baylar dolaşmaktadır; parmaklarındaki elmas yüzüklerle servis yapan Rus prenseslerinin hizmet ettikleri bazı olağanüstü güzel ve çok ışıklı lokantalar vardır ama üniformalı muhabbet tellallarının organize ettikleri fuhuş, yürekleri daraltarak tüm hızıyla sürüp gitmektedir; Galata Köprüsü de, eski İstanbul'un sokakları da yerli yerinde durmaktadır ama bu köprüde ve bu sokaklarda işgal ordularının subaylarının arabalarının korna ve siren sesleri ile bu bayların topuk sesleri yankılanmaktadır; kentin o inanılması güç derinliği ve sonsuzluğu hâlâ görülebilmektedir ama bütün bütün mahalleler yangınlarda yok olmuş ve on binlerce zavallı, senelerden beri ışıksız, ateşsiz, ekmeksiz ve barınaksız bu harabelerde yaşamaktadır; dikkat etmeden bakıp kentin hâlâ çok kalabalık bir nüfusu barındırdığı söylenebilir ama dikkatle bakıldığında bu nüfusun ezici çoğunluğunun yarı çıplak çocuklardan, hasta ve sakat yaşlılardan, açlıktan güçsüz düşmüş kadınlardan oluştuğu görülür... Bir somun kuru ekmeği paylaşmaya çalışan, insanlıktan çıkmış insanların yanı sıra, ellerindeki ufak tefek ıvır zıvırı satmaya çalışan kaçak Beyaz Rus askerleri de görülebilmektedir. Sonuçta burada hemen hepsi aç, dilenen bir halk vardır... Bu kentte hâlâ görkemli camiler ve minareler vardır, ama merkezde bulunanların dışındakiler, oralara adeta kaçan hayvan sürüleri gibi sığınmış ve sıkışmış göçmenlere barınak görevi yapmaktadır; o ünlü Sarayburnu, hâlâ ve daima Boğaziçi ile Marmara Denizi'nin birleştiği noktadadır ama Fransız yetkililer, bir kömür deposu kondurmak için sanki oradan daha uygun bir yer bulamamışlardır! Bir zamanlar görkemli bir saray ve harikulade bir park olan bu yerlerde, şimdi kapkara kir ve kömür yığınları dikilmektedir; Eyüp ve çevresinde şiirsel bir kuşak oluşturan mezarlıklar hâlâ ve daima oradadır ama duyarlı insanların içlerini karartan ve kederlendiren şey oradaki mezar taşlarından ve hüzünlü servilerden ziyade, yaşayanların suratlarına yansımış olan ölüm umutsuzluğu ve karanlığıdır!

Beyaz terör

Bugün Konstantinopl'e yolu düşen gezgini bekleyen şey artık mutlaka o dillere destan Türk konukseverliği değildir ve bu, o gezginin mensup olduğu toplumsal sınıfa ve sınıfının mensubu olarak takındığı tavra ve tutuma göre değişmektedir. Kapitalist olarak gelip, "para kazanmak" için hareket eden ve gölgesine sığındığı Yüksek Komiserliği'nin himayesini sağlayan kişi, kısa zamanda büyük bir servet edinebilir. Büyük şirketler müttefikler arası kapitalizmin sunduğu işbirliği olanaklarından yararlanarak semirmekte, yeni ortaklıklar ve şirketler kurmakta ve kazançlarına yeni kazançlar eklemektedirler; bunların genellikle İngiliz kökenli olduklarını da hemen eklemeliyiz!

Ama eğer Doğu gerçeğinin bugünkü durumunu merak edip öğrenmek için gelmiş bir gezginseniz, hele hele bir komünist iseniz, önünüze üçlü bir yol ayrımı gelir: İlk seçenek olarak, eğer tescilli bir sınıf düşmanı değilseniz, sadece çok kaba bir davranışla karşılaşarak ülkeden kovulursunuz; ikinci olasılık, eğer propaganda yapmakla suçlanırsanız, tutuklanır ve yargıç önüne bile çıkartılmadan, belirsiz ve muhtemelen çok uzun bir süre, iğrenç bir zindana tıkılıp yatarsınız; üçüncü ve son olasılık ise tehlikeli olduğunuzun varsayılması halidir ki bu durumda en basit ve çabuk bir şekilde öldürülüp yok edilirsiniz. Birinci yoldan geçerek kentten kovulan birisi olarak kendi örneğimi verebilirim; ama, öğle vakti, Pera Palas Oteli'nin önünde, güpegündüz ve kalabalığın ortasında vurulup öldürülen bir Gürcü arkadaştan söz etmek istiyorum. Konstantinopl'ü derhal terk etmediği takdirde öldürülmekle tehdit edilmişti. Odette Kehn adında bir kadının ise bütün suçu, özel sohbetlerinde, Sovyetler Rusya'sına duyduğu sevgiyi ve hayranlığı ifade etmekten ibaretti! Bir sabah erkenden odasına girildi, yatağından hoyratça kaldırıldı, İngiliz askeri yetkilileri tarafından sorgulandı ve mahkeme, yargıç, vd. önüne çıkartılmadan, Karadeniz yönünde yol alan bir yelkenliye bindirildi ve açık denizde, denize fırlatıldı. Ben kente geldiğim sırada, İngiliz polisi, Sovyetler'e sempati duyduklarından kuşkulandığı yüz elli kadar Rus'u "paketlemişti" (Genç bir İngiliz subayı, bunların arasındaki genç ve güzel bir Rus kızını gözüne kestirmiş, hücresinin anahtarını verip kaçmasını kolaylaştırmak için kendisiyle bir gece geçirmesini önermişti). Bunlar birkaç gün için hapse tıkıldıktan sonra, yelkenli bir tekneyle, Rusya'ya gönderilmişlerdi.

Bütün bunlara, Fransız yetkililerin ve temsilcilerin bu kabul edilemez tutum ve davranışlarına rağmen Türkler, Fransızlara karşı yine de tutkulu bir konukseverlik göstermeyi sürdürdüler. Benim bizzat görüp tanık olduğum olayların başında ise elbette, yaptığım incelemeye inanılması güç bir isteklilik ve sevgiyle yaklaşıp, olağanüstü yardımcı olmaları gelmektedir.

Konstantinopl'e gelen yabancıları nelerin beklediği konusunda söylenecek bir şey de, bu kentin günümüzde dünyanın en pahalı kenti haline geldiğidir. (Bazı temel ihtiyaç maddelerinin fiyatları savaş öncesine kıyasla tam "elli" kat artmış bulunmaktadır. Kiralar on kat, yirmi kat yükselmiştir. Çok sıradan bir lokantada yenecek sıradan bir yemeğin fiyatı 3 lira*, üçüncü sınıf bir oteldeki adeta çıplak bir odanın fiyatı ise 4 ya da 5 lirayı bulabilmektedir.)

Artık Konstantinopl'den ayrılacak ve şu sırada Türkiye'nin gündeminde en ön sıralarda bulunan olayı, Türk-Yunan savaşını derinlemesine irdeleyeceğiz. Doğu proletaryasının durumunu ele alacağımız zaman, hayat pahalılığı konusunu daha ayrıntılı olarak inceleyecek ve koşulların bizim ülkemizde olduğundan çok daha farklı bir biçimde ortaya çıktığını, halk açısından yaşamın sadece güç değil, bir anlamda da imkânsız olduğunu göreceğiz.

---

* Türk Lirası'nın değerinin resmi kurda 20 Frank olmasına karşın, serbest piyasada ancak yaklaşık 8 Frank'a alıcı bulabilmektedir.

6.11.1921

Ankara Hareketinin Niteliği ve Sonuçları

Mustafa Kemal tarafından yönetilen milliyetçi hareketin, onun Clemenceau ve Lloyd George tarafından Türkiye'ye dayatılan Yunan işgalini kabul etmemesinden kaynaklandığını hatırlatmayı gereksiz buluyorum -zira bunun böyle olduğunu artık herkes biliyor-. Ama böyle bir hareketin ortaya çıkmasına yol açan olgular, pek bilinmiyor.

İşte Ankara hükümetinin Nafia Vekili (Bayındırlık Bakanı) İsmail Fazıl Paşa'nın bir Türk gazetecisi olan Alaeddin Haydar Bey'e yaptığı açıklamaların kısa bir özeti:

"Yunanlılar İzmir'e çıktıklarında Mustafa Kemal, Genel Ordular Müfettişi sıfatıyla Erzurum'da bulunuyordu[*]. Yunan ordusunun işgal ettiği yörelerde katliam ve soygunlar yaptığı yolundaki haberler üzerine Mustafa Kemal, Erzurum'da bir kongre toplayarak durumun değerlendirilmesini ve neler yapılabileceğinin genel olarak tartışılmasını istedi. Batı ordusunun kumandanlarını ve tüm bu illerin valilerini bu kongreye davet etti[**].

"Burada ulusal savunmaya karar verildi. Mustafa Kemal tüm katılanların onayını ve güven oyunu aldı. Sivas, Erzurum'un bu kararlarını aynen onayladı, onu da Trabzon, Van, Diyarbakır, Samsun ve diğer iller izledi. İki ay içinde bir ordu oluşturuldu; o aşamada ellerinde 150.000 asker var-

---

[*] Burada hatalı tarih bilgileri yer alıyor. Yunanlılar 15 Mayıs 1919'da İzmir'e çıktı. Ertesi günü Mustafa Kemal Samsun'a gitmek üzere gemiyle İstanbul'dan ayrıldı. 3. Ordu Müfettişi olarak görevlendirilmişti. Erzurum Kongresi 23 Temmuz 1919'da toplandı. [*Editörün notu*]

[**] O dönemki mülki bölümlemede Trabzon'un kapsadığı Doğu Karadeniz il ve ilçelerinden 17, Erzurum'un kapsadığı il ve ilçelerden 25, Sivas'ın kapsadığı il ve ilçelerden 14, Bitlis'ten 4 ve Van'dan 2 delegenin katılımı ile kongre 62 üye ile toplanmıştı. Bugünkü il-ilçeler göz önüne alındığında kongrenin 30'a yakın Doğu Anadolu ve Doğu Karadeniz ilini ve bunların ilçelerini kapsadığı söylenebilir. [*Editörün notu*]

dı. Sonra Sivas'ta, imparatorluğun yarısının temsil edildiği ikinci bir kongre toplandı. Böylece milliyetçi hareket giderek hızlandı ve İzmir yöresine kadar yayıldı. Bu sırada Ankara valisi Muhittin Paşa, İngiliz generali Scotland'ın telkinleriyle, İngilizler lehine zaman kazanmaya çalışıyordu ve Anadolu'da büyük etkinlikleri olan Çorum dervişlerini harekete geçirdi. Bu gelişmelerin öfkelendirdiği halk silahlandı ve bu gibi entrikalara bir son vermek üzere, kolordu komutanı Ali Fuat Paşa'yla birlikte, Ankara'ya yürüdüler. Bunun üzerine General Scotland, Ali Fuat Paşa'ya, İngiliz askerlerinin üzerine ateş açıldığı takdirde harp divanını boylayacağını bildirdi.

"Ali Fuat kendisinin artık bir general değil, sade bir yurttaş ve yolu kesenlerin de ordu birlikleri değil, işgal kuvvetlerine karşı ayaklanan halk olduğu cevabını verdi.

Bunun üzerine Ankara boşaltıldı. Muhittin Paşa Konstantinopl'e kaçtı ve milliyetçi bir yönetim iş başına geldi. Bu sırada Konya ve diğer bazı iller daha isyana katılmışlardı ve bir takım sürtüşmelerin ardından Bab-ı âli ile olan iletişim tamamen kesildi.

"Böylelikle, Romalılar tarafından kurulmuş olan antik Ancyra kentinde, Osmanlı yönetiminden geriye kalanlarla birlikte, sanki ikinci bir Türkiye daha kurulmuş oldu. Meclis ve Vekaletler oluşturuldu. Vekiller, sizin ülkenizdeki Bakanlara tekabül eder. Vergiler, Bab-ı âlî'nin tüm tepkilerine karşın, Küçük Asya'nın vilayetlerinde Kemalist devlet tarafından toplanmaya başladı ve yeni devletin giderleri böylelikle karşılanmaya başlandı.

"Mustafa Kemal'in çevresinde ve yanında, kendisine son derece bağlı, onu bir kurtarıcı olarak görüp değerlendiren ve kendisine büyük bir inanç duyan asker ve sivil, bir çok kurmayla çevrili bulunmaktaydı. Ona katkıda bulunmak üzere koşup gelenler arasında ünlü romancı Halide Edip Hanım ve kocası doktor Adnan Bey de vardı. Ankara'ya yerleştiler ve gerek yazılarıyla, gerek günlük işlere katkılarıyla, çok heyecanlı ve ateşli bir destek sundular."

Savaşın nasıl geliştiği ve aşamaları hakkında, nedenini tam olarak anlayamadığım bir şekilde, burada da Konstantinopl'de olduğundan daha fazla ve ayrıntılı bilgi alabilmiş değiliz: Gerek Türk, gerekse Yunan tarafı, ileri harekatlarını ve geri çekilmelerini sürekli olarak karşı tarafın yenilgiye uğradığı biçiminde sunmaya gayret gösterdiler (Tarihin askerler tarafından bu şekilde değerlendirildiğini de ilk kez görmüyorduk). Bizlere Kemal'in taktikleri üzerine sadece birkaç şey söylendi. Trablus savaşının taktiklerini kurgulayan kurmay olarak aynı yöntemleri Anadolu'da da kullanmış, düzenli ordudan önce de, özellikle gerilla savaşı yürüten başıbozuklardan ve çetelerden yararlanmıştı. Yunan hatlarının gerisi Ankara'daki genel kurmay tarafından illere ve ilçelere bölünmüş ve numaralandırılmış, bu "çetelerin" reislerine de bu bölgeler için özel olarak hazırlanmış haritalar verilmişti. Bu çetelerde yaklaşık elli süvari ve bir makineli tüfek bulunuyordu. Özellikle gece harekete geçerlerdi ve bölgenin coğrafyasının özelliklerini mükemmel bir biçimde tanıdıkları için, bundan alabildiğine yararlanırlardı. Yunan ordusu İzmir'e çıktığında, milliyetçilerin hemen hiç silahları ve diğer savaş gereçleri yoktu; ama Baku'nun, Nahcivan'ın ve Rus-İran sınırının Ruslar tarafından ele geçirilmelerinden sonra rahatlıkla kullanabilecekleri bir yola kavuştular ve Rusya'yla iletişim kurabildiler. Sovyetler yönetimiyle imzaladıkları antlaşmadan sonra da, bugün dahi devam etmekte olan bir silah ve cephane sağlama imkânına kavuştular. Kısacası, Mustafa Kemal'in düşüncesi şöyle özetlenebilir: Düzenli ordu birliklerinin kurulmasına kadar geçecek olan zaman içersinde Anadolu'da bir gerilla savaşı örgütleyip yürütmek ve tüm Asya halklarıyla etkin bir iletişim ve dayanışma oluşturmak. Gerçekten bu politikanın bir sonucu olarak, Mezopotamya'da İngiliz işgaline karşı ilk isyan bayrağını açan Emir Ali, Kemalistlerle bir bağlaşıklık antlaşması imzalamak üzere, Ankara'ya bir heyet yolladı. Bunun üzerine derhal, daha 1920 yazında, Kerbela'ya bir heyet gönderildi ve Türk milliyetçileri, İngilizlere karşı, Araplarla omuz omuza bir mücadeleye girdiler. Bundan sonra, Tebriz'de milliyetçi bir İran yönetiminin oluşturulması üzerine, onlar da aynı şekilde Kemalistlerle işbirliğine başladılar.

Kısacası Anadolu hareketi, işgalcilere karşı isyan etme cesaret, duygu ve düşüncesini, dört bir yana yaymış oldu ve bu fikirler girebildikleri her yere girdiler. Bu konuda bir fikir verebilmek için, Ankara Hükümeti tarafından hazırlanıp bastırılan ve Kilikya'daki Fransız birliklerine uçaktan atılan bir bildirge metninin özetini sunmak istiyorum:

"Cumhuriyetin savaşçıları; sorun bakalım komutanlarınıza, Türkiye'nin Kilikya'sını ele geçirmek için kanınızı neden hâlâ döküyorsunuz? Eğer bu yolda yürümeyi sürdürürseniz, Türkler de size karşı, Arap isyancılarla tam bir işbirliğine girecekler! Çok çarpıcı bir örnek, gözlerinizin önündedir: İngiltere, Mezopotamya'da dört bir yanından sürekli olarak hırpalanan 100.000 kişilik bir ordu bulunduruyor. Geri çekilme yolları da kesilmiş bulunuyor ve her gün yüzlercesi, Türkler ve Araplar tarafından öldürülüyor. Sizler de Kilikya'da, buna çok benzeyen ve çok ivedilikle tavır almanızı gerektiren bir konumdasınız. Bizim, sizin, hepimizin ortak düşmanımız olan İngilizlerin güzel gözlerinin hatırı için mi savaşacaksınız? Bilinçli biçimde düşünürseniz, özgürlüğünden ve huzurundan başka hiçbir şey istemeyen bir halka saldırma onursuzluğunu içinize sindiremezsiniz!"

İşte tam da bu noktada, yani Türk milliyetçiliği ile diğer Asya ülkelerindeki hareketlerin hedeflerinin çakıştığı yerde, bizler için çok önemli olan ve mutlaka iyi tanımlamamız gereken bir gerçekle karşı karşıyayız: Bu bağımsızlık hareketi, bizim komünist amaçlarımıza nasıl ve hangi ölçüde hizmet edebilir? Bir diğer yazımızda da bu sorunun cevabını bulmaya çalışacağız.

07.11.1921

"Kemalizm"

Dış Görünümü – Temel Nedenler

Türk milliyetçiliğinin diğer Asya kökenli siyasal hareketlerle hangi ölçüde örtüşebileceğini ve bunun uluslararası komünist harekete nasıl yararlı olabileceğini yerinde görüp inceleyebilmek için Ankara'ya gitmeye karar verdim.

Beni engelleyen ne yolculuğun süresinin uzunluğu (çünkü Konstantinopl'den Ankara'ya gidip gelmek için 25 - 30 günü gözden çıkarmak gerekiyordu), ne de bu amaçla pasaport talep ettiğim zaman reddedilmem oldu. Kısa bir süre içersinde milliyetçi hareketin ne anlam ve önem taşıdığını sadece Ankara'da bulunmakla anlayamayacağımı, bunun ancak dünya devrimine katkıda bulunma hedefine yönelmesiyle kavranabileceğini fark ettim. Bu iş ancak Türkiye'nin de bulunduğu coğrafyanın tümüyle birlikte ele alınabilirdi.

Kemal "Türk yurtsever"

Türkiye ihtilalinin ana nedeni ya da temelindeki güç, çoğu insan tarafından hemen öyle sanılmakla birlikte, Mustafa Kemal'in kişiliği değildir. Ülkede varolan özgürlük özlemini ve genel hoşnutsuzluğun getirdiği tepkileri derleyip siyasi ve askeri bir tepkiye dönüştürenin o olduğu gerçeği yadsınamaz; ne var ki bu duygunun er ya da geç, bir patlamaya yol açacağı da belliydi; bu patlamanın, daha başlangıçtan itibaren bizler tarafından biçimlendirilmemiş olmasından ötürü üzüntü duyulabilir.

Çünkü bu Türk d'Annunzio'sunda, safkan milliyetçi bir önderin her türlü kalitesi ve kusuru vardır. Sovyetler Rusya'sıyla girdiği işbirliğinden ötürü yapılan bazı yorumlara göre, o böyle biridir ve eyleminin özelliği de budur. Tümü de ateşli taraftarları olup onunla sürekli ilişki içersinde kalan ve yaptığı işleri hep öven insanları da, onu terk edenleri de, onunla aralıksız mücadele edenleri de tanıdım. Sonuç olarak Kemal, çok yönlü faaliyetini aralıksız ve çok güçlü bir enerjiyle sürdüren yurtsever bir Türk ve bir asker diktatördür.

Ankara'ya geldiğinden beri, aralıksız olarak Sevr antlaşmasına karşı çıktı ve böylelikle büyüdü de büyüdü. Artık hedefi Türkiye'yi kapitülasyonlardan ve dış güçlerin denetiminden kurtarmak ve İran'da, Afganistan'da, Hindistan'da, Arabistan'da ve Mısır'da başkaldırı eylemlerini özendirip destekleyerek çok geniş bir Müslüman imparatorluğu kurmaktır.

Sovyet yardımını, bu destek olmaksızın ayakta duramayacağını bildiği için kabul etti. Bunun kanıtı, istediği miktarın üzerindeki silah ve cephane önerilerini geri çevirmesi ve kendi ordusunda olumsuz propagandaya sebep olabileceği düşüncesiyle, Kızılordu'dan yardım almayı kesinlikle reddetmesidir.

Çevresinde, aslında komünizmle uzak-yakın bir ilgisi olmamakla birlikte sanki o izlenimi veren belli belirsiz bir hareketin bulunmasına hoşgörü gösterdiyse, bunun sebebi, önde gelen kurmaylarının da, şu aşağıya aldığım söylemine benzer açıklamalar yapmalarıdır:

"Komünizm ne bir amaç, ne de bir idealdir; o sadece Türk ulusunu bir araya getirmek için gerekli bir araçtır. Bugünün şartlarında bizim bu araçtan yararlanmamamız düşünülemez. Yarın programı kısıtlayabilir ya da değiştirebiliriz. Ama milliyetçi özümüz, hiç değişmeden kalacaktır."

Esas bakımından burjuva ve tutucu nitelikli parlamentosunda yaptığı bu konuşma, sanırım öne sürdüğüm düşüncenin doğruluğunun kanıtı niteliğindedir.

Kemalizmin arkasında ne var?

Kemalizme, Mustafa Kemal'i dışında bırakarak bakacak olursak (bunun mümkün olamayacağı öne sürülebilir; ne var ki bu siyasi hareketin köklerine inebilmek için böyle bir soyutlamaya gitmek de gereklidir) bu hareketin, Türk milliyetçiliğinin bu dışavurumunun Avrupalı milliyetçilik akımlarından tamamen farklı olduğu, çünkü kökeninin ve karakterinin bambaşka olduğu, çok kolayca görülebilmektedir.

Doğu toplumlarında devrimin gerçekleşme olasılığı ve şansı enine boyuna değerlendirilirken, bu coğrafyadaki halkların toplumsal ve ekonomik gelişme yollarının, tarihsel olarak, oraya köklü bir biçimde yerleşmiş bulunan Avrupa emperyalizmi tarafından kesilmiş olduğu gerçeğini görmek gerekir. Buralardaki üretim biçimi, Batıda olduğu gibi kökten bir değişim geçirmemiştir. Yabancı sermayenin bu ülkelerin endüstri ve ticareti üzerindeki egemenliği, oralarda eski düşüncelerin ve toplumsal yaşam biçimlerinin sürüp gitmesini, açık ve belli bir zorlamayla sağlamaya çalışmıştır. Yerel halklar, dinsel inançlarına sıkı sıkıya bağlı oldukları ve bu inançlar da bu rejimleri kuvvetle destekledikleri için, halen ataerkil ve feodal bir rejim altında yaşamayı sürdürmektedirler.

İslamiyetin (ki bütün dinler içersinde en toplumsal ve siyasal olan, gerçekten de odur) ayrı bir bölüm olarak ele alınması gerekir. Ben burada din unsurundan önce -ki, tekrar ediyorum, bu unsur çok önemlidir!-, "ithal edilmiş kapitalizmin", bu unsuru daha da güçlendirmesinin altını çiziyorum: Son on yıllarda Avrupa'da sermayenin emek üzerindeki egemenliği büsbütün güçlenirken, Hindistan, İran, Türkiye ya da Mısır gibi ülkelerde, egemen ulus ile ezilen ulus arasındaki uzlaşmaz SINIF çelişkileri de, büsbütün keskinleşmektedir.

Özel olarak Türkiye örneğine geri dönecek ve ateşkesten bu güne kadar geçen süreyi ele alacak olursak (ki tüm bu dönem boyunca Avrupa'nın boyunduruğu, etkilerini ezici biçimde göstermektedir), üst sınıflar ve yönetici çevreler, durumdan çok da olumsuz etkilenmemişlerdir. Halkın çektiği yokluk, yoksunluk ve acıların yanında, bunların çektiklerinin hemen hemen hiçbir önemi yoktur. Sultan, hükümet mensupları ve önde gelenler, durumlarını korumuşlardır. Bu tür adamlarla sıkı bir işbirliği yapan spekülatörler, kazançlarına kazanç eklemişlerdir. Ne var ki onların da üzerinde, yeni bazı suratlar türemiştir: Zaten varolan sömürünün üzerine bir de İtilaf Devletleri emperyalistlerin baskı, eziyet ve sömürüleri eklenmiştir.

Savaşın sonuçlarından biri de, ulusal sorunu dünya ekonomisi ölçeğinde ortaya koyması olmuştur. Ateşkesten sonra askeri diktatörlükler, egemen uluslar için kaçınılmaz bir ekonomik zorunluluk haline gelmiş bulunmaktadır. Ulusal varlıklarını sürdürebilme mücadelesi de, ezilen halklar açısından, vazgeçilmez bir ekonomik gereklilik haline gelmiştir.

Yineliyorum: Milli mesele, tıpkı sömürgelerde olduğu gibi, yenik ve boyun eğdirilmiş ülkelerde de, bir sınıf eşitsizliği meselesidir. Türkiye'deki milliyetçi hareketin de bu bakış açısından değerlendirilmesi gerekmektedir: Tıpkı sınıflar arası mücadelenin günümüzde gelmiş olduğu aşama gibi bu da, içinde bulunduğumuz çağda alabileceği yegane görüntüyü ve biçimi almıştır (Konumu tehlikeye giren topluluk, mücadele içersinde dayanışma arar). Günümüzde bu hareketin Asya'daki diğer hareketlere sıkı sıkıya bağlı olduğu göz önünde bulundurulduğu zaman, yarın bunun adeta bir zincirleme tepkime gibi Asya kıtasının en uzak noktalarına kadar yayılacağı ve o zaman gerçek etkisinin ve öneminin çok daha iyi anlaşılacağı açıkça görülecek, dünyanın kaçınılmaz büyük alt-üst oluşundaki yeri ve rolü de açıkça ortaya çıkacaktır.

Görevimiz nedir?

Avrupa komünizminin hiçbir zaman unutmaması gereken şey, ulusun varlığını sürdürebilmesi için Doğu toplumlarında yönetimin, şeflerin elinde olma zorunluluğudur; ortak düşmanı ezebilmek için gerekli atılımı sağlayacak ve bu atılım amacından sapacak olursa onu yine yerli yerine oturtacak olan, bu nedenlerle desteklenmeleri gereken bu önderlerdir. Beri yandan hiç zaman kaybetmeden çalışmak, çok çalışmak ve geniş halk yığınlarını mücadeleye hazırlamak gerekmektedir.

Doğuda, gerçekten dayanılmaz ve katlanılmaz şeyler gördüm. İnsanoğlunun sefaletinin ve perişanlığının nerelere kadar gidebileceğini, yazgısının ne kadar trajik olabileceğini, ben orada gördüm. Tüm gördüklerim içersinde bizim açımızdan en çok canımı sıkan şey de, yoldaşlarımızın içine terk edildikleri korkunç soyutlanmışlık ve yalıtılmışlık oldu. Bunlar günlerini, haftalarını ve yıllarını, kısacası tüm yaşamlarını, ortak idealimize adamış, bir avuç insandır! Sürekli izlenen, inanılması güç ölçüde yoksul, yorgun, her an tutuklanma kaygısı taşıyan, en küçük ve anlamsız bir gerekçeyle bile tutuklanan, hareketin Avrupa'da hangi noktada bulunduğundan haberi bile olmayan bu eli öpülesi insanlar, ne oldukları, yazgıları bilinmeksizin, birbiri ardından ortadan kayboluyorlar -okurlarım "kaybolma"nın ne anlama geldiğini tahmin edebilirler- ama geride kalanlar cesaretlerini hiçbir zaman yitirmiyor ve tam bir inançla, olağanüstü bir kahramanlıkla, insanüstü bir temiz yüreklilikle, ölmeden hemen önce yine inançlarına bağlılıklarını haykırıyorlar!

Orada uzanıp giden bu sefalet okyanusuna her bakışımda, kendimi tekrar tekrar sorguladım: Bu dünyada yapılması gereken en öncelikli görev vizyonu, Doğudaki komünist yoldaşlarımıza yardımcı olmak ve destek vermektir! Onlara, bu kutlu görevlerini yerine getirebilmelerinde yardımcı olabilmek için gerekli her türlü araç, gereç ve moral, ikircimsiz verilmelidir. Henüz kurulmamış olan ilişkiler kurulmalı, bu felaket ortamında yaşayan bu insanlara el uzatılmalı, geri kalmış halk yığınlarının sadece ulusal idealle sınırlı düşünce yapılarını aşmaları için gerekli her türlü katkı yapılmalıdır. Çünkü o halk yığınları, bu ideallerine ulaştıkları zaman, kendi öz çıkarlarına aykırı bir yönelişe gidebilecek olan bu rejimlere sahip çıkabilirler.

Avrupa komünizmi bugüne kadar bir hayli görevi başarmıştır. Ama elbette henüz önümüzde, aşılması gereken çok uzun bir yol var. Bizlere düşen, bizi bekleyen bu kutlu göreve tereddütsüz atılmak, öncelikle en ivedi olanları ele almak ve eldeki işi başarıyla tamamlamadan önce sıradaki işe başlayarak cephe hattını altından kalkılamayacak biçimde yaymamaktır.

08.11.1921

Yunanlıların canavarca hareketleri

Bazı Reddedilemez Resmi Belgeler

Bir ulusun uyanışının niteliğini eksiksiz biçimde belirlemeye, bu hareketi yerli yerine oturtmaya ve gelecekte ne olabileceğini öngörmeye çalıştık. Halk nezdinde yarattığı tepkileri ve yankıları görmeye ve göstermeye çalışmak hiç de gereksiz sayılamaz; çünkü toplumsal bir olay ortaya çıktığı zaman acı çeken hep halk olmuştur.

Bana Yunanlıların acımasızlığını belgeleyen bir takım kanıtlar, raporlar ve fotoğraflar sundular -ki ben de bunların bir kısmını sizlere aktardım-, açıkçası, itiraf etmeliyim ki bütün bunlar, çok özel bir nitelik taşıyorlar!...

Ne var ki altını çizerek belirtmem gereken bir husus, yazı dizimde bu belge ve kanıtların bir kısmını kullanmaktaki amacım, bir halkın bir diğerinin aleyhine olarak izlediği tutum ve davranışları mazur göstermek değildir. (Ama bir dönemin canavarlıklarının bu korkunç örnekleri içersinden bir seçim nasıl yapılabilir?) Yapılan korkunç ve acımasız edimler, savaşın doğrudan kendisinin korkunç bir süreç olduğunu kanıtlamaktan başka neye yarar? Bizi ilgilendiren ise, sadece bugünün yöneticilerinin sorumlu oldukları en çarpıcı örnekleri görmek ve göstermektir; yoksa bunların sözünü bile etmeye değmez.

Ama açıkça görülüyor ki bir halk -Yunanlılar- bir diğerinin –Türklerin– üzerine, acımasız ve ölçüsüz bir nefretle atılmış ve yanlarında da, 1918'de "hukukun, adaletin ve uygarlığın yanında" olduklarını vurgulayan ve hâlâ da bunu iddia eden İngilizler var! Size anlatacağım her şeyden haberleri var (bu konularda resmi bir inceleme ve soruşturma yapılmış bulunuyor ve soruşturma kurulunda bir de İngiliz generali var!), ama bu canavarlıkların sorumlularını uyarmak şöyle dursun, bu korkunç listeyi büsbütün kabartmak için ellerinden geleni yapıyor, para veriyor, silah ve cephane sağlıyor ve savaşın devam etmesi için çalışıyor, emirler yağdırıyor ve uğraşıyorlar.

Elimde bulunan ve sayıları da bir hayli kabarık olan, beri yandan tümünün de özgünlükleri ve doğrulukları belgelenmiş raporları, hızla elden geçiriyorum.

... Ayaklarından asılmış ve altlarında yakılan bir ateşte kızartılarak öldürülmüş olan şu kadınları mı, yoksa kimilerinin elleri kesilen, kimilerinin ise kolları kopartılan şu çocukları mı belirtmeli? Silah atışlarına "hedef tahtası" olarak götürülen şu yaşlı insanları mı; yoksa karınları de-şilmiş şu hamile kadınlarla, ırzlarına geçildikten sonra boğazları kesilerek ya da pencerelerden fırlatılarak öldürülmüş olan şu genç kızları mı? Şu kadın yüz elli süngü darbesiyle delik deşik edilmiş, öbürü ise doksan beş yerinden bıçaklanmış, beriki sopayla dövülerek öldürülmüş, bir diğeriyse demir çubuklarla kafası kırılarak.... Şurada elleri yakılmış ihtiyarlar, şurada yalınayak olarak akkor halindeki odun ateşinde yürümek zorunda bırakılmış kadınlar, şu yanda ise bir köy katliamı esnasında topluca öldürülmüş çocuklar var... Acaba elleri arkalarından tellerle bağlanıp bir bodruma atılmış ve en az on beş gün boyunca işkence edilmiş, en sonunda da alt alta, üst üste yığılarak orada yakılan samanın dumanıyla boğularak ölmüş ya da öldürülmüş köylülere ne demeli? Ya şu kimi balta darbeleriyle öldürülmüş, kimi ise palalarla canlı canlı parçalanmış insancıklar!... Önce hepsi evlerine girmeye, daha sonra da çağırıldıkça teker teker çıkmaya zorlanan, böylelikle kendilerini bekleyen asker ve subaylar tarafından teker teker öldürülen tüm bir köy halkı!... Hemen arkasından, 1.100 nüfuslu bir kasabanın; açık, çukur bir arazide toplanmak zorunda bırakılan ve dört bir yandan açılan mitralyöz ateşiyle taranarak öldürülen tüm halkı... Bir başka köyün korkudan deliye dönmüş insanlarının hepsinin aynı şekilde öldürülmeleri ve bu katliamın ölü taklidi yaparak kurtulabilmiş bir tek kişi sayesinde öğrenilebilmesi... Bir başka köy halkına camide toplanmalarının emredilmesi ve burada, atılan bombalarla hepsinin katledilmeleri, kafalarının kopartılması, kulaklarının kesilmesi, gözlerinin oyulması, boğazlarının kesilmesi ... Acaba bunların hepsini teker teker isim, tarih ve yer belirterek saymalı mıyım?

Böyle bir şey yapacak olsam, *Humanité*'nin sayılarını aylar ve aylar boyunca, böyle listelerle doldurmam gerekecek! Ben ise sadece, Osmanlı Kızılayı'nın talebi üzerine, bu iddiaları incelemek için üç buçuk ay önce Anadolu'ya gönderilmiş olan kurulun raporundan birkaç alıntı yapmakla yetinmeyi tercih ediyorum. Bu kurul, Uluslararası Kızılhaç Komitesi temsilcisi Bay Maurice Gehri ile, üç müttefik devletin Konstantinopl'de bulunan yüksek komiserliklerinin temsilcilerinden oluşuyordu: Büyük Britanya adına General Franks, Fransa adına Albay Vicq ve İtalya adına da Albay Rolletto.

Rapor, "İnceleme, bölüm bölüm olmak üzere yürütülmüştür," diyor. "Türk tanıklar kadar, Yunanlı, Rum ve Ermeni tanıklar da, tümüyle dinlenmiştir. Heyet bu incelemenin sonucunda Yunan İşgal Ordusu'nun, Anadolu Yarımadası'ndaki Müslüman nüfusu, tamamen kırarak yok etme amacını izlediğini saptamış bulunmaktadır. Yerinde yapılmış bulunan tesbitler -yakılmış köyler, katliamlar, yerli nüfusa karşı sürdürülmüş olan terör eylemleri, yerlerdeki ve tarihlerdeki çakışmalar-, bu hususta en küçük bir şüpheye bile yer bırakmayacak kadar açık ve kesindir. Gördüğümüz canavarca edimler -ya da sadece izlerini görebildiklerimiz-, silahlandırılmış düzensiz sivil çetelerce olduğu kadar, düzenli ordu birliklerince de yapılmıştır. Bu tür eylem ve edimlerin İşgal Ordusu Komutanlığı tarafından önlenmesine ya da cezalandırılmasına ilişkin herhangi bir girişime tanık olmadık. Çetelerin silahsızlandırılması ve dağıtılması gerekirken, tam tersine, bu edimlerinde arkalarının kollandığını ve bu işleri düzenli ordu birlikleriyle el ele bir şekilde gerçekleştirdiklerini tesbit ettik."

10.11.1921

Tüm bir halk, açlıktan ölüyor!

Yıkılmış evler, tahrip edilmiş köyler

Dün özetini yayınladığım rapor, inceleme kurulunun boydan boya geçtiği Samanlıdağ Yarımadası'nın, Yunan işgalinin başlangıcından bu yana, canavarca bir düşmanlığın sergilendiği bir sahneye dönüştüğünü gösteriyor ve bay Maurice Gehri, cevabı belli bir soruyu umutsuzca soruyor: Bütün bu yangınlar ve sistematik olarak yürütülen bu katliam, beş yıl içinde yapılması öngörülen plebisitte Rum nüfusun çoğunluk sağlayabilmesi için yapılan bir ön hazırlık mı?

Maurice Gehri bu raporunda, görüştüğü İznik piskoposunun -Monsenyör Vassilios'un- kendisine şu açıklamayı yaptığını belirtiyor: "Yunan ordusu, baskı yapma konusunda çok zayıf ve yetersiz kaldı. Ben asker değilim; kilise mensubu bir din adamıyım. Bütün Türklerin, geride bir tekini bile bırakmamacasına, ortadan kaldırılmalarını isterdim." Bir kilise mensubundan böyle bir temenni duyunca, insan ister istemez, acaba askerler bu konuda neler düşünürler diye sormadan edemiyor...

Aynı raporda az sonra, tüm kurul üyelerinin tanık oldukları bir olaydan söz ediliyor: Kurşuna dizilmiş Türkler. Kurul üyelerinden biri, kurşuna dizme emrini veren bir Yunan teğmenine soruyor:

- Neden öldürdünüz onları? Oysa sizden sadece onları tutuklamanız istenmişti!

- Çünkü böylesi daha çok hoşuma gidiyor, diye cevapladı.

Rapor, kurulun uğradığı Küçük Kumla'daki durumu da anlatıyor. Kasaba içindeki tüm evler yakılmış, çevre köylerdeki tüm evler de yıkılmış. Bin kadar insan, plajın üzerinde toplanmış. Bu insanların açlıktan ölmemeleri için tek çözüm yolu, onları deniz yoluyla, üç saat uzaktaki Konstantinopl'e göndermek! Konstantinopl'e telgraf çekiliyor, ama Britanya yüksek komiseri bunu kabul etmiyor. En büyük efendi o olduğuna göre, emrine boyun eğmekten başka yapılabilecek bir şey yok. Neyse ki kurul üyelerinden birinin aklına, Kızılhaç'a ve Kızılhaç'ın Konstantinopl'deki temsilcisi, yüzbaşı Burnier'ye başvurmak geliyor. Burnier bir gemi yollanması işini ayarlayıp yoluna koyuyor, ama bu şekilde gönderilenler, "Britanya yüksek komiserinin, karaya çıkmalarını engellemek için çok büyük güçlükler çıkarttığını" anlatıyorlar.

Sonuçta göçmenler gemiye yükleniyor. Ama general Leonardopoulos sadece askerlik çağındaki erkekleri değil, Gemlik'in tüm Türklerini alıkoymak için emirler yağdırıyor. Her yer yakılıp yıkılmış... Sağlam durumda bir tek ev ve yenilebilecek bir lokma ekmek yok! İnsanlara, açlıktan ölmekten başka bir seçenek kalmıyor. Yunan subayları ise Kızılhaç'ın bu zavallı insanların yiyebilmeleri için gönderdiği tayın ve azıkların gemiye yüklenmesine karşı çıkıyor. Kızılhaç temsilcisi ifadesinde, "Yüklenmesini kabul ettirebildiğimiz tek şey, Gemlik'teki Türk doktora verebildiğimiz küçük bir ilaç paketi oldu..." diyor.

Kurul, yarımadanın kuzey kıyılarına yollanıyor. Raporda, "Yüzbaşı Papagrigoriu gelir gelmez yangın ve katliamlar başlamış ve aralıksız sürmüştü. 16 köy yakılmış, yaklaşık 6.000 insan da ortadan kaybolmuştu" deniyor. Rapor devam ediyor: "Köyler, dipten doruğa yakılmış ve yıkılmış. Ortada sadece bazı insan ve hayvan kemikleri görülüyor."

Akköy'de, göçmenlerin geçmeleri bir kez daha engelleniyor. "Yunanlı yüzbaşı olayları (köylerin yakılıp yıkıldığını) kabul ediyor, ama yanımızda götürmek istediğimiz kadın ve çocuklara izin vermeyi, kesin bir dille reddediyor. Plajda yığılmış ve Yunan askerleriyle kuşatılmış durumdaki zavallı insan kitlesi, iki gözü iki çeşme ağlıyor. Konstantinopl'den gönderilmiş bir Rum papazı tarafından aralıksız kışkırtılan, Rum ve Ermeni sivillerden oluşan bir kalabalık da bunları sürekli taciz ediyor. Bu uzun, zahmetli ve acıklı bir mücadele. Muhacirleri, deyim yerindeyse, teker teker alarak kurtarabiliyoruz."

Rapor, sonuç bölümünde bazı rakamlar vererek bağlanıyor: "Yunan işgalinden önce bu yarımadanın nüfusunun yaklaşık elli kadar köyde ikamet eden 25.000 kişi olduğu anlaşılıyor. Bu nüfusun yüzde 3.5'i, ortadan kaybolmuş bulunmaktadır. Kırk kadar köy, bundan iki ay önce yakılıp yıkılmıştır. Sağlam bırakılmış olan birkaç köye, bugün Rum nüfus gelip yerleşmiştir. Eskiden bir Müslüman yerleşimi olan Çınarcık'ta, bugün bir tek Müslüman bile yoktur. Yalova'nın eski dönemde nüfusu 7-8.000 kadar olan bir mahallesinde bugün ancak bin beş yüz kadar insan kalmıştır."

Yapılan inceleme ve araştırmaların ışığında durumu özetlemek gerekirse, Anadolu'nun işgal edilen bölgelerindeki Müslüman nüfusunun sadece % 15'i katliamlardan kurtulabilmiştir. Tüm Türk basını, Havas ajansına bir mesaj yollayıp durumun tüm Dünyaya duyurulmasını istemiş, ama bu ajans bu iletiyi sumen altı ederek hiçbir Avrupa gazetesine yollamamıştır.

Yineliyorum: Bu canavarlıkları belirtiyorsam, bunun nedeni bu insanların çok zavallı bir durumda ve tamamen silahsız olmalarıdır. Bu insanların karşı karşıya kaldıkları bu muameleler, İTİLAF DEVLETLERİNİN İZLEDİKLERİ POLİTİKALARIN DOĞRUDAN SONUÇLARIDIR. Yunanlı subaylar (ve özellikle General Leonardopoulos) bu olayların en önde gelen sorumlularıdır; ama onların üstündeki sorumlular, Lloyd George ve müttefik işbirlikçileridir.

17.11.1921

İnsan sefaletinin peşi sıra

Konstantinopl'de bir gezinti

Konstantinopl'den, insan sefaletinin peşi sıra çıktık ve aynı yolu izleyerek geri döneceğiz; bir halkın tüm hayatının tam bir yürek yarası ve içler acısı durumunu yakından görmek için, aynı yolu iki kez geçmekte yarar var...

Daha önceki bir yazımda, göçmenlerin, bu perişan insan kalıntılarının, bu kılıç artıklarının, ateş ile demirin Anadolu'daki bu çılgın fırtınasında canlarını kurtarmayı başarabilmiş bu pek küçük enkazın sefaletinden söz etmiştim. Nereye sığınabilirlerdi ve gelecekte ne olacaklar?

Onları bekleyen yazgı üzerine düşündüklerimi sırasıyla yazmaya başlamadan önce, Britanya Yüksek Komiserliği'nin bunların bakımını üstlenmek konusundaki olumsuz tutumunu, bu zavallılara sadece ve ancak Osmanlı Kızılay'ı ile uluslararası Kızılhaç'ın, o da ellerindeki olanaklarla orantılı olarak pek sınırlı bir destek verebildiklerini belirtmeliyim. Bunla-rın alt alta, üst üste doluştukları gemiler ve diğer tekneler İstanbul'a ulaştığında, karaya çıkma izni verilmeden önce tam yirmi dört saat bekletildiklerini belirtmeliyiz. Günlerden beri boğazlarından bir lokma ekmek geçmemiş ve bir çoğu yaralı olan bu zavallılar şaşkın ve perişandılar. Tanık oldukları ve kaçtıkları vahşetten dolayı tümü de alabildiğine ürkmüş, korkmuş, yıkılmış durumdaydı ve küçük çocuklarla minik bebekler, açlıktan hiç durmadan ağlıyorlardı. Karaya çıkmaları için İngilizlerin keyif-lerinin gelmesi beklendi; neyse ki birkaç cesur insan bunlara acıdı ve bu korkunç durumdan kurtulmaları için gereken izinleri, adeta kopartır gibi çıkarttırıp aldılar.

Kaç kişiydiler? Şu sırada Konstantinopl'de 325.000 göçmen var ve ellerinde hiç, ama hiçbir şeyleri olmayıp da sadece devletin eline bakanların sayısı da 70.000'i buluyor!

Balkan savaşları esnasında meydana gelen büyük göç dalgasını, 1915-

1917 yıllarındaki göçler izledi. (Rus ordularının Erzurum, Trabzon, Van ve Erzincan illerini işgalleri sırasında, 870.000 Müslüman nüfus, göç etmek zorunda kalmıştı.) Bunlara Rusya'dan, devrimden kaçanları, Wrangel Ordusu'nun kılıç artığı olan Beyaz Rusları ve İtalyanlar başta olmak üzere yetmiş iki milletten insanı da eklemeliyiz: Savaş yıllarında dünyanın bir çok kenti bu büyük göç dalgalarından nasibini almıştı ve Konstantinopl de bundan en fazla etkilenen kentlerin belki de başında geliyordu. Paris'in aldığı göçmen sayısı, bu kentle kıyaslandığı zaman pek küçük kalır.

Sonuç olarak sorun, inanılmaz boyutlardaydı; bu yeri-yurdu olmayan insan yığınlarının doyurulmaları ve barındırılmaları, kısacası yaşatılmaları gerekiyordu.

İngilizler sorunun büsbütün ağırlaşmasını önlemek için, bunların kente girmelerini yasakladılar Sadece bunlarla yetinmediler ve bu zavallıların içler acısı durumları hakkında uzaktan-yakından bilgilenebilecek ve bunları anlatıp yayabilecek olan herkesi ve her şeyi de yasakladılar: Dünya bu sefillerin durumları hakkında hiçbir şey bilmemeliydi ve hiçbir gazetenin bu konularda herhangi bir şey yazmasına izin verilmiyordu. İnanılması güç bir gayretle bu insanlara hizmet etmeye çabalayan olağanüstü insan, Muhacirler Dairesi Başkanı Hamdi Bey, bu sayfalarda gördüğünüz* ve bir ara İstanbul'un ilgili çevrelerinde elden ele dolaşan bu fotoğraf nedeniyle azarlanmış, bilgi sızdırdığı takdirde çok ağır bir şekilde cezalandırılacağı söylenerek tehdit edildi.

Bütün bunlar ve bu zavallıların ihtiyaçlarını karşılamakla yükümlü olan devletin olanaklarının, daha çok uzun zaman önce bitip tükendiği göz önünde bulundurulacak olursa, içinde bulunulan durum kolaylıkla tahmin edilebilir... Ama, yok, hayır; çünkü görüp yaşamadan, uzaktan bakarak, bu zavallı insanların hangi koşullarda yaşadıklarına ilişkin en küçük bir fikir sahibi olmak mümkün değildir.

Bir perişanlık ki…

Adeta bir hayvan sürüsü gibi birbirine yanaşmış ve yapışmış, bir dilenciden bile daha perişan, üstleri başları adeta bir zindan kaçkını gibi dökü-

---

* *L'Humanité* gazetesinin elimizdeki fotokopisinde fotoğraf kalitesi düşük olduğu için kitapta yoktur..

len bu insan müsveddelerini, bu yaratık gölgelerini, bu insan hayaletlerini görmeden tahminde bulunabilmek gerçekten de mümkün değildir!...

Cezayirli veya Bayram Paşa yahut da Zeynep Hatun camilerinin kapı eşiklerini aşınca, inanılmaz iğrenç kokan bir karanlığa giriliyor ve her birinde en az dört yüz kişiye bir lokma azık verilen mekâna ulaşılıyor. Adım atarken çok dikkat etmek gerek; her an birisinin üstüne basılabilir. Gözler karanlığa alıştıkça, duvarlar boyunca sıralanan, oda benzeri mekânlar ve iplerle duvarlara asılmış eski püskü torbalar fark ediliyor. Birileri biraz kalkar gibi oluyor: Kafalar biraz yükseliyor ve yeniden iniyor. Gerilmiş bir ipe asılı bir örtü kalkıyor ve iki metre kare büyüklüğünde bir mekânda çömelmiş olan dört kişiyi fark ediyoruz: Bunlardan ikisi, dizlerinin üzerinde yalpalanarak, ellerinde tuttukları bebekleri sallamaya çalışıyorlar. İşte bu altı can, bu daracık yerde yaşamaya çalışıyorlar, burada uyuyorlar... çıplak taşların üzerinde ve üstlerine örtebilecekleri hiçbir şeyleri yok! Günlerini bu izbede geçiriyorlar ve ne üstlerinde, ne başlarında, giyecek adına hiçbir şeyleri var; mutfak araç ve gereçleri yok, aileye ait hiçbir eşyaları yok; kısacası hiç, ama hiçbir şeyleri yok ve günlerini burada bir lokma ekmek bekleyerek geçiriyorlar; genellikle o bir lokma ekmek de bir türlü gelmiyor... Çıkıp gitmek istiyoruz ve çekingen adımlarla dönüyoruz. Ama, o da ne? Adeta fareler gibi çevremizi alıyorlar; ama her an savuşup gitmeye de hazır gibiler... Bu nasıl bir şey? Bu perişan kadınların suratlarına bakıyorum ama hiç birinin yaşını tahmin edemiyorum. Bu sersefil ihtiyarlar, bu sıskalıktan kadidi çıkmış çocuklar... Yani, bu mümkün mü? Elimizden gelmeyen şeyleri yapmak için dayanılmaz bir istek duyuyoruz: Ne yazık ki onları kurtaramayız, çekip gitmemiz gerek! Bu suratlardan okunan yakarmayı gördük ve hiçbir şey söyleyemedik: İnsanların diri diri gömüldükleri bu iğrenç mahzendeki ağır ağıl ve ahır kokusundan kurtulmak, güneşin eşi görülmedik bir lüks gibi, beklenmedik bir bayram gibi parıldadığı açık havaya çıkmak ... Ve bunu yapabiliyor olmaktan dolayı da, belli belirsiz bir utanç duymak...

Tam beş bin beş yüz göçmenin yaşadığı Davutpaşa Kışlası'na, İstanbul'a birkaç kilometre uzaklıktaki bu dev yapıya gidebilmek için, biraz tırmanmak gerekiyor. Şimdi de etraf çok havadar ve ışıklı, ama biraz yüksekçe olduğu için kış mevsiminde rüzgar sert esiyor ve soğuk oluyor. İlk salona giriyoruz. Otuz kadar çömelmiş insan, alelacele ayağa kalkıyor;

rahatsız olmamaları için bir işaret, bir hareket... İnsanlara biraz da olsa alışmış olan tüm bu kadın kalabalığı bizi Müslüman söylemindeki her türlü selam sözcüğüyle selamlıyorlar. Ne yapacağımızı bilemiyoruz ve gülümseyerek başlarımızı eğiyoruz; bunda göz yaşlarımızı göstermek istememizin de rolü var. Kimseye fark ettirmeden en yakınımızdakinin eline, üzerimizdeki üç-beş kuruş parayı sıkıştırıveriyoruz. Salıncak beşikte sallanan bir bebeği kollarımızın arasına alıyoruz, onun ateşten kızarmış yanaklarını öpüyoruz ve yeniden, yavaşça, aldığımız yere bırakıyoruz. Sonra yavaşça ve geri geri giderek, veda etmek ister gibi bir takım el işaretleri yaparak, sanki onlara acımak ve üzülmek bir şeye yararmış gibi, tekrar dışarı çıkıyoruz.

Evet, bütün bunlar hiçbir işe yaramaz; bunu biliyoruz, ama yine de komşu salona giriyoruz. Yine çömelmiş duran, yaklaşık aynı sayıda insan ve yine aynı tepkiler... Yine o eski Anadolu geleneğine uygun biçimde örtünmüş, başlarını sımsıkı örtmüş ve suratlarının ancak yarısı görünen kadınlar, bir şalvar ve uzun bir ferace, aynı kız çocuklarının güneşte aydınlanan güzel gözleri, yaşlıların tıpkı ve aynı suratları, kir-pas içindeki başörtüleri, aynı çocuk yığınları, yatan hastaların üstlerindeki aynı paçavralar, aynı minik çıplak ayaklar ve bakışlarda aynı sessiz yakarışlar. Bir salon daha. Sonra başka bir salon daha. Birbirini izleyen ben diyeyim elli, siz deyin yüz salon; hep aynı mide bulandırıcı koku, hep aynı görüntüler... İndiğimiz bodrumlar birbirinin aynı, çıktığımız aydınlıklar da ... Kışlayı çepeçevre çevreleyen ağaçların kurumuş dalları kopartılıp alınmış ve yakılmak üzere istiflenmiş... Hemen kışlanın duvarlarının dibinden itibaren göz alabildiğine uzanan ilkel, eften-püften çadırlar, yoksulluk ve sefalet içinde, yiyecek bir lokma bir şey umarak gözlerinizin içen bakan insanlar, insanlar...

24.11.1921

Konstantinopl'deki zavallılar için bir şeyler yapmak gerek

Dilerseniz, açlıktan kırılan Konstantinopl'deki gezintimizi sürdürelim. Eyüp'ün sonlarına doğru gittiğimizde sefil ve perişan ailelerle dolu eski camilerdeki ve derme çatma barakalardaki sefaleti gördükten sonra döndüğümüz mezarlık bile, insanın içini rahatlatıyor…

Sarayburnu'nu döndükten sonra ulaştığımız uçsuz bucaksız gibi görünen Gülhane'de de, denize bakan, dev bir göçmen yerleşimi bulunuyor. Yokuşu soluk soluğa tırmandıktan sonra kirlenmiş ve yarı yıkılmış duvarları olan, büyük bir binaya ulaşılıyor. Adeta bir tahıl ambarına benzeyen bu büyük binaya girince de, ölümcül bir manzarayla karşılaşılıyor. Orada da iki yüz kadar göçmen var. Daha aşağıda yer alan ve eskiden ahır olduğu belli olan başka bir mekânda, hava son derece ağır. Burada da yüz kişi var. Dışarıdaki dalgalı arazi hela gibi kullanılmış ve dört bir yanda öbek öbek insan pislikleri görülüyor. Bana eşlik eden -Muhacirler Dairesi Başkanı Hamdi bey, "Siz dahi şaşırıyorsunuz," diyor. "Fransız yetkililere belki yüz kez, bu pisliği buraya değil, denize boşaltmalarını söyledim; ama onlar her gün buraya kamyonlar dolusu pislik getirip döküyorlar. Her başvurduğumda aynı şey: Hep reddediliyorum." Tam o sırada iki asker, tam önümüze, bir el arabası dolusu pisliği döküyorlar. Onları sorgulamaktan kendimizi alamıyoruz: "Neden denize dökmüyorsunuz?" "Yüzbaşı bunu kesinlikle yasakladı," diyorlar. "Biz böyle emir aldık. Buraya dökmek zorundayız." Bu iğrenç pisliğin kokuları, yakıcı güneşin de etkisiyle, üst taraftaki zavallılara doğru dalga dalga yükseliyor.

Aynı gün, bu göçmenlerle ilgilenen bir Türk hekim, bana şöyle dedi: "Bu koşullara karşın bir salgın hastalıkla karşılaşmadıysak, bu da bizim iyi şansımızdır! Çünkü elimizde ne herhangi bir ilaç var, ne de hastaları karantinaya alabileceğimiz bir yer! Eğer bir salgın hastalık baş gösterirse, mahvoluruz!…"

Bu yetmiş bin insanın hangi koşullarda yaşamak zorunda bırakıldıklarını ve nerelere nasıl yerleştirildiklerini yazmaya elim varmıyor; ama yine de en önemli ve acil sorun, açlık! Bu insanlara acilen, çok acilen yiyecek bulmak gerekiyor...

Bir anı

Muhacirler Dairesi'nden kalma bir anı, hiç gözlerimin önünden gitmiyor. Aynı gün, defterime şu satırları yazmışım:

"Bu zavallılar kaçarken her şeylerini arkalarında bırakmışlar ve eğer işgal altındaki bir yerlere kaçabildilerse, bu hayatlarını ancak böyle kurtarabildikleri anlamına geliyor. Yaşamlarını sürdürebilmeleri için gereken şeylerin hiçbirine sahip değiller. Bu durumda tüm bu göçmenlerin doyurulmaları ve barındırılmaları, zorunlu olarak devlete düşüyor. Ama ne yazık ki kamu maliyesinin içinde bulunduğu acıklı durum nedeniyle devlet de hiçbir şey yapabilecek durumda değil. Kamu hazinesinin bizim kullanımımıza sunabildiği kaynaklar cim karnında bir nokta. Bu zavallıların ancak PEK AZI, günde 400 gramlık birer tayın alabiliyor; şehrin çok yakınlarındaki bir yerlere yerleştirebildiğimiz göçmenlere, HER AY, AİLE BAŞINA ANCAK iki veya üç kilo fasulye, pirinç veya un verebiliyoruz. Bu zavallıların acınacak halleri göz önünde bulundurulduğunda ve insan gibi yaşayabilmek için ne kadar yiyecek verilmesi gerektiği düşünüldüğünde, böyle bir yardımın ne kadar yetersiz olduğunu ayrıca anlatmaya bile gerek yok. Bu zavallıların yaşamlarını BÖYLECE SÜRDÜREMEYECEKLERİ çok açıkça görülüyor ve eğer MÜMKÜN OLAN EN KISA ZAMANDA bir yardım gelmezse, birbiri ardından kırılıp ölecekleri, gün gibi ortada! Tabii bundan söz etmişken ÇOK ACİL bir şekilde giysi ve ilaç gerektiğini de eklemeliyim."

Bu satırlar, ek bir yoruma gerek bırakmayacak kadar açık. Ne var ki orada önümüzdeki kış mevsiminde ölecek olan, *ölmeleri kaçınılmaz olan yüz bin insanın* (sayıları, ben bu notları aldığım sırada bu kadardı) bulunduğunu bilmek, insanın omuzlarına katlanılamaz bir yük bindiriyor!... Bunun böyle olduğunu düşündükçe insanın içinde, acıma da değil, isyan duygusu uyanıyor!

Bu zavallılara yardım

Şu sırada Rusya'da da binlerce insanın açlıktan öldüğünü biliyorum; ama, birilerinin acılarıyla ilgilenirken hemen öbür taraftaki başkalarının acılarını görmezlikten gelecek kadar taş yürekli olabilir miyiz?

Savaşın Fransa'nın kuzeyinde ve doğusunda da göçmenler için trajik bir durum yarattığını gayet iyi biliyorum. Ama Fransa'daki göçmenlerin durumları, oradakilerin perişanlığıyla kıyaslanamaz. Buradakilerin hemen hemen hepsi, kaçarken giyeceklerini ve paralarını yanlarına alabildiler; herhangi bir şey alamayanlar da Paris'te ya da diğer kentlerde derhal bir yerlere yerleştirildiler, yeterli yiyecek ve sağlık hizmetleri bulabildiler ve böylelikle yaşamlarını sürdürebilecek imkânlara kavuştular, hemen her yerde çalışma ve geçimlerini sürdürebilme fırsatlarıyla karşılaşabildiler. Türkiye'dekilerin tümü ise, yenilmiş, hazinesi tamtakır, bir kaç hafta sonra bunlara bugün ancak bin bir güçlükle verebildiği birkaç kilo fasulyeyi, pirinci ve unu dahi veremeyecek durumdaki bir devletin vatandaşları! Bu zavallılar kendilerine düşman ve ölüp gitmeleri durumunda kılı bile kıpırdamayan yabancı otoritenin egemenliği altındaki bir ülkede bulunuyorlar!... Yaklaşmakta olan kış bunları barınaksız, battaniyesiz, yiyeceksiz, yakacaksız, elbisesiz, bebekler için sütsüz ve hastalar için ilaçsız bir durumda yakalayacak!

Hamdi beyin sesi, şu an gibi, kulaklarımda: "Zaman geçiyor ve biz bu durumu tam bir umutsuzlukla izliyoruz. Size yemin ederim ki hiç umudum yok.. Ölecekler. Ölmekten başka yapabilecekleri hiçbir şey yok. Siz ne dersiniz? Hiçbir şey yapılmaz mı?..."

Bir şeyler yapmak! İşte bu üç sözcük, yüreğimi dağlıyor, içimi yakıyor.
Bir şeyler yapmak!...

29.11.1921

Proletaryanın Türkiye'deki durumu

Doğu ülkelerinin, özellikle de Türkiye'nin geleceği yakalama şansı üzerine kalem oynatan bayların en yaygın biçimde ileri sürdükleri bir safsata, endüstrinin bizim batılı ülkelerimizde olduğu kadar gelişmediği, bu nedenle asıl anlamında bir proletarya sınıfının bulunmadığı, bu nedenle de sınıf bilincinin söz konusu olmadığı ve buradan hareketle de burada komünizmi kurmanın mümkün olamayacağı şeklindedir. Yine sürekli olarak öne sürülen bir safsata da İslamiyetin uygulamasının sosyalist olduğu varsayımıdır, ama konumuz şu sırada sadece ekonomik koşullarla sınırlı olduğu için, bu önermenin ne kadar yanlış olduğunu daha sonra açıklayacağız.

Her ne kadar endüstriyel gelişme sürecinin gelmiş olduğu nokta itibariyle Türkiye'yi batının ulaşmış olduğu endüstriyel gelişmişlik düzeyiyle kıyaslamak mümkün değilse de, bu ülkede endüstrinin hiç olmadığını ileri sürmek de, hiç doğru değildir.

Türkiye'de istatistik bilimi hiç bilinmediği ve tanınmadığı için, bu alanda (ve aslında diğer benzer alanlarda da) kesin ve doğru rakamlar edinmem mümkün olamadı. Ama burada vereceğim bilgiler çok değişik ve güvenilir kaynaklardan edinilmiş ve özenle kontrol edilmiştir; bu nedenle de belki bazı küçük farklılıklarla da olsa, gerçeğin ifadesi oldukları söylenebilir.

Kanıtlamak istediğim şey, proletaryanın, Konstantinopl nüfusunun son derece önemli bir bölümünü oluşturduğudur. Daha sonra da, tam olarak şu andaki konumundan ve durumundan söz edeceğim. Küçük tarım üreticilerinden meydana gelen Anadolu halkı ise kimi yönleriyle bizim sömürgelerimizdeki halkın durumuyla benzerlik gösterirken, kimi yerlerde ise ortaçağdan kalma serfleri andırmaktadır.

Bugün için Konstantinopl'deki durum, şöyledir:

Anadolu Demiryolları Şirketi'nde 2.500 işçi çalışmaktadır. Tahmil tahliye işçileri 5.000, hükümete ait muhtelif fabrikalarda çalışanlar 2.000, Tramvay ve Tünel İşletmesi'nde çalışanlar 2.500, denizcilik şirketlerinde çalışanlar 1.500, Tütün ve Reji İdaresi işçileri 1.000, fırın işçileri 4.000, gemi ve motor onarımında çalışanlar 1.500, mürettip ve matbaacılar 1.500, inşaat işçileri 5.000, otomotiv çalışanları 2.500, şoförler 1.000, belediye işçileri 1.000, kent içi taşımacılar (hamallar) 5.000, cephaneliklerde 500, Rumeli Demiryolları'nda 500, Elektrik İşletmesi'nde 400, Haliç vapurlarında 200, Şirket-i Hayriye'de 500, Değirmencilik Şirketi'nde 500, çeşitli özel sektör fabrikalarında 2.000 ve çeşitli küçük atölyelerde istihdam edilen işçilerin toplamı da 15.000. Bu durumda genel toplam, 55.700 emekçidir.

Her emekçinin ailesinin en az 3 ile 4 kişiden meydana geldiğini düşünecek olursak, bu sınıfın toplam nüfusunun, en azından 200.000 kişi olduğunu söylemek mümkündür.

Kamu kesiminde çalışan küçük memurların sayısı da 150.000 kadardır ve aileleriyle birlikte düşünüldüklerinde, 450.000 ile 500.000 arasında bir nüfusu ifade etmektedirler.

Yangın yerlerinde yaşamaya çalışan 70.000 kadar yoksul insanı, düşkünler kuruluşlarındakileri, öksüz ve yetimler evlerindekileri, hayır kuruluşlarında çalışanları da hesaba katacak olursak, toplam nüfus içersindeki oranları hakkında daha açık bir fikir sahibi olabiliriz. Böylece emekçi ve yoksulların toplam 1.500.000 civarında oldukları sonucu çıkartılabilir.

Her yerden aldığım rakamlar, hep bu toplamı doğruladı: Şu sırada Konstantinopl kentinde, göçmenlerle birlikte, hiçbir geçim kaynağı olmayan 800.000 insan bulunduğu söylenebilir. Dilenerek yaşamaya çalışan 800.000 kişi!

Nüfusun bu değişik kesimlerinin yaşam koşullarının maddi yanına bakıldığında ise, Batı'da olduğundan biraz daha güç olduğu söylenebilir. İşçilere verilen ücretler yaklaşık olarak ikiye, pek ender hallerde de üçe katlandığı halde, temel ihtiyaç maddelerinin fiyatlarının genellikle yirmiye, sık sık otuza ve bazı hallerde de elliye katlandığı görülmektedir.

Ana, baba ve iki çocuktan oluşan bir çekirdek ailenin, 1914 ile 1921 yılları arasında elde ettikleri ortalama aylık geliri, dikkatle hesaplamaya çalıştım. Harcamalarını en düşük seviyede düşünerek, ama elbette aynı şeyleri ve aynı miktarlarda satın aldıklarını varsaydığımda bulduğum rakamlar, başlangıçta ayda 800 kuruş kadar olan toplam giderler, dönem sonunda ayda 15.500 kuruşu bulmaktadır!

Savaştan önce okkası ? kuruş olan ekmek, günümüzde 17 kuruşa çıkmıştır. Sütün fiyatı, 2,5 paradan 40 kuruşa, koyun etinin fiyatı 10 kuruştan 150'ye, sebzelerde ise (patlıcan, soğan, fasulye) 10 paradan 30-40 kuruşa yükselmiş bulunmaktadır. 1914'de okkası üç kuruş olan toz şekerin fiyatı, günümüzde 60 kuruşu bulmuştur. Patates 15 kat, pirinç ise 17 kat daha pahalılanmıştır. Kahve 10 kuruştan 110 kuruşa, kömür 0.50'den 10'a, petrol 11'den 225'e, balık 3'den 100'e fırlamıştır. Başlangıçta 90 kuruşa kiralanabilen bir konutun aylık kirası, günümüzde 2.000 kuruşa yükselmiştir. Elbise ve diğer çamaşırlar için de, fiyatlarının en az 3 kat arttığı söyle-nebilir.

Grevler birbirini izlemektedir, ama ne zaman işçilerin ücretlerinin artmasıyla sonuçlansalar, bunu mutlaka temel ihtiyaç maddelerinin fiyatlarında artışlar izlemektedir.

Az önce sözünü ettiğim küçük memurlar, TAM BEŞ AYDIR MAAŞLARINI ALAMAMAKTA, yardımlarla ya da borçla yaşamakta, ya da ölmektedirler! Konstantinopl'de ziyaret ettiğim bir cezaevinde, açlıktan ölmemek için aldığı 40 lirayı ödeyemediği için 4 ay önce hapse atılmış olan 23 yıllık bir devlet memuru gördüm, tanıdım. Ve yukarıda belirttiğim gibi bu memur, tam beş aydır maaşını alamamaktaydı.

30.11.1921

Kapitalist baskıya direniş

Yangınlarda tamamen tahrip olmuş olan mahallelerde, 70.000 insan, perişan halde mezbeleliklerde yaşıyor. Bu sefalet mahallerinde dolaşırken sağda solda iplere asılmış yırtık pırtık çamaşırlar, duvar kalıntılarına yaslanmış derme çatma barınaklar, bu yıkılmış taşlardan fışkırmış gibi duran ve yine oralarda ölüp giden, açlıktan avurtları çökmüş çocuk sürüleri görülüyor...

Gecenin karanlığı çöker çökmez iğrenç fuhuş pazarları kuruluyor ve gün boyunca da her tarafta dilenen pek çok insan görülüyor; çünkü çalışıp para kazanabilecekleri bir iş bulmaları imkânsız ve Kızıl Haç Kadınları gibi örgütler tarafından yönetilen kurum ve kuruluşların, varolan talebin yüzde birini bile karşılaması mümkün değil. Komite yetkilileri bana, "kadınlar çalışabilecekleri bir iş istiyorlar; ama böyle bir şey mümkün değil," dediler; "bir lokma ekmek pahasına çalışmaya hazırlar; ama biz her gün onları geri çevirmek zorunda kalıyoruz," diye vurguladılar.

Belsoğukluğu ve tüberküloz vakalarını sayabilmek mümkün değil. Bu iki salgın hastalık halkı kırıp geçiriyor. Bu konularda yayınlanmış hiçbir istatistik veri yok. Ne var ki hemen hemen tüm büyük hastaneleri gezdim; buralardaki hemen hemen tüm hastalar ya belsoğukluğu ve türevlerinden, ya da tüberkülozdan yatıyorlardı ve hekimlerle diğer yetkililerin söylediklerine göre bu iki hastalıktaki olağanüstü artış, özellikle müttefik işgalinden sonra akıllara durgunluk verecek kadar artmış bulunan açlığa, sefalete ve fuhşa bağlıydı.

Elbette, savaşın başından bu yana çocuk ölümlerinde görülen artışa ilişkin olarak da herhangi bir rakam alamadım, ama bazı hekimler bu oranın yüzde kırk, diğer bazıları da yüzde altmış dolaylarında olduğunu söylediler; ne var ki bunların tümü de, adeta söz birliği etmiş gibi, Türkiye'deki çocukların durumlarının 1914'den beri değil, özellikle ateşkesten bu yana, dünyada görülen en trajik durum olduğunu söylüyorlardı. Bizdeki "Kamu Destek Birimi" ile yaklaşık olarak aynı işleri yapan ve sokağa terk edilen çocukların bakımlarıyla ilgili sorumluluklar üstlenen "Yoksullar Barınağı'nın" müdürü bana kış mevsiminde kendilerine günde ortalama 25, yaz mevsiminde ise 10 ile 15 arası çocuğun getirildiğini söyledi. Bunlardan kaç tanesini kabul edebildiklerini sorduğumda ise, "sokaklarda ölenler hariç, ancak yüzde bir," diyebildi.

Bu korkunç sefalete ve güya "hukukun zaferinden" sonra bunun inanılması güç ölçülerde artmasına yol açan nedenlere tanık olunduğunda, hemen ilk akla gelen halkın kendisine dayatılan bu duruma karşı tepkisinin ne olduğunu öğrenmek isteğiydi. Kendilerini böylesine acımasızca sömürenlere karşı nasıl tepki veriyorlardı.

Mevcut örgütlenmeler

Üç çeşit örgütlenme birlikte boy göstermektedir:

Nakliye, otomobil ve gemi vs. işletmelerinin işçilerinin ezici çoğunluğu, Orta Çağ loncalarına benzer bir şekilde faaliyet gösteren bazı loncalara mensuptur. Bu örgütler, İttihat ve Terakki Partisi Komitesi tarafından yeniden düzenlenmiş ve etkinleştirilmiş olmakla birlikte, mevcut durumları bakımından günümüzün çağdaş anlamdaki sendikalarıyla, uzaktan yakından hiçbir benzerlik ve ilişkileri yoktur.

Tramvay Şirketi'nin, elektrik işletmesinin, deniz taşımacılığı şirketinin ve fırınların işçileri ise yaklaşık 8.000 kişi olup, hali hazırdaki Türkiye Sosyalist Partisi'ni oluşturmaktadırlar. Başkanlıklarını üstlenmiş olan "İştirakçi" Hilmi'nin düzenlediği temel örgütlenme kurallarına göre işleyen bu kuruluş, tümüyle platonik bir görüntü arz etmektedir. Bu zat kendisini değişmez başkan ilan etmiş olup biraz da üyelerin tamamen sessiz kalmaları sayesinde örgütü içinde adeta bir tiran gibi hareket etmekte ve kapitalist dünyayla işbirliği ve uyum esasına dayalı, tam bir pasiflik politikası izlemektedir. (Türkiye'deki İngiliz egemenliği başlıklı bölümde İngilizlerin kışkırttıkları, yönettikleri ve kendi çıkarlarına uygun bir biçime dönüştürdükleri grevlerin öyküsünü anlatacağım.) Bu partinin siyasetini daha iyi anlamak için, İkinci Enternasyonal'in politikalarını onayladıklarını belirtmekle yetinelim.

Sendika ("İşçi Dernekleri") ise, hükümete ait fabrikaların işçilerini bir araya getirmektedir. Bunun tarihi üzerine birkaç söz etmemiz, ilginç olabilir: Savaş esnasında Türk Hükümeti Almanya'ya, deneyim kazanmaları ve mesleklerinde ilerlemeleri amacıyla, bin kadar nitelikli işçi ve ustabaşı gönderdi. Almanya'da ihtilal patladığında bunlar henüz orada, batılı yoldaşlarının yanındaydılar. Aralarında bir tür sendika oluşturdular. Kons-tantinopl'e döner dönmez, bu örgütlenmelerini daha da sağlamlaştırdılar. Sıkı bir propagandaya giriştiler ve kısa zamanda üye sayılarını 1.600'e çıkardılar. Ama Damat Ferit Paşa'nın iktidara gelmesinden hemen sonra, bu örgütlenme İngilizlerin baskısıyla dağıtıldı. Bunların büyük bir kısmı Ankara'ya gittiler ve orada cephane üretimi işinde, emekçi olarak çalıştılar. Burada, kendisi de ilk önce Berlin'de kurulmuş olan Türkiye İşçi-Köylü Partisi şemsiyesi altında yeni bir sendika örgütü oluşturdular.

Günümüzde bu sendika, kendisini Konstantinopl'de ikinci kez göstermektedir. İştirakçi Hilmi'nin partisinin, başkanlarının tek adamcı tutumundan rahatsız olan, ödedikleri ödentilerin ne kendilerine ait bir yayın organı çıkartmaya, ne broşürler basmaya, ne de konferanslar düzenlemeye yaramadığını gören ve grev yapmaları halinde bir destek alabileceklerinden umudu kesmiş, bıkkın üyeleri arasında, yoğun bir propaganda yürütmektedirler. Bu propagandanın böylesine elverişli bir ortamda ve koşullarda yürütüldüğü göz önünde bulundurulduğunda, kısa bir süre içinde bu partinin üyelerini kendi yanlarına çekebilecekleri aşikar görünmektedir.

Sendikanın yıllık kongresi yeni yapıldı ve ardından yönetsel organlarının oluşturulmasından sonra aşağıdaki çağrıyı yaptı:

1. Kongre, proletaryayı yani toplumsal anlamda üretim yapan unsurları sefalete iterek, insanların başka insanlar ve ulusların da başka uluslar tarafından sömürülmelerine ilişkin ilkeler üzerine kurulmuş bulunan kapitalist toplumu protesto eder.

2. Bu protestonun en etkili ve uygulamada sonuç verebilir biçimi olan bu kongre, aynı sefalete ve aynı yasaklamalara mahkum edilmiş bulunan emekçileri bir araya getirir; Türkiye'nin tüm proleterlerini, burjuvazinin işbirliği ve güç birliği içerisindeki yapısına karşı tek bir cephede toplar ve diğer ülkelerin kendisiyle benzer amaçlar güden örgütleriyle iş ve güç birliği yapmaya gayret eder.

3. Bu bildirgesini dünya proletaryasıyla paylaşmak isteyen Kongre,

onu Türk proletaryası adına selamlar ve toplumsal devrimin büyük esinlendiricisi Marx'ın sözlerini haykırır: "Tüm dünya proleterleri, birleşin!"

Yaşasın proletaryanın, dünya kapitalizmine karşı, enternasyonal birliği!"

Ne var ki proletaryanın tüm güçlerini bir araya getiren ve onu gerekli biçimde yönlendirebilecek durumda olan temel örgüt Beynelmilel İşçiler İttihadı'dır. Onun faaliyet alanı sadece konferanslar düzenlemekle, broşürler yayınlamakla, akıllı bir propaganda yapmakla ve fikirlerini bıkmadan, usanmadan yaymakla sınırlı kalmaz; grevlere yoğun destek verir. Yapı işçilerinin grevi sırasında, Psalty fabrikalarındaki mekânik işçilerinin grevlerinde, Stania'dakinde [*İstinye, ç.n.*] en önde gelenler hep UIT* üyeleriydi ve mücadeleleri onlar yönlendirip yönettiler.

Bu kısa sunumda ortaya koyduğum koşullar kısaca özetlenecek olursa, bu ülkenin proletaryası için, köleleştirilmiş olmasına karşın ve köleleştirilmiş olması nedeniyle, bir umut ışığının belirmeye başladığı görülebilecektir.

Olağanüstü bir saydamlıkla, açık fikirlilikle ve insancıl olmaktan da öte, tam bir kendini adamışlıkla hareket eden yoldaşlar tanımış olmaktan dolayı çok mutluyum. Orada bir militanı bekleyen yazgının ne olduğunu bilince, "gerçek bir kahraman" sözcükleri pek hafif kalıyor. Baskının olağanüstü yoğun olduğu bu ülkelerde kahramanlık, sanki baskının bir ürünüymüş gibi, adeta fışkırıyor!.. Aynı şekilde, son derece aktif bir grubun çıkardığı ve Türkçe bastığı Aydınlık dergisinin sayıları birbirini izledikçe, bu insanlar neşeyle doluyor. Bana bir de başka bir cesur dergiden örnekler gösterdiler: Rumca olarak basılan ve Yeni İnsan [*Neos Antropos*] adını taşıyan bu derginin yayını, ne yazık ki parasızlıktan ötürü, aylarca önce durdurulmuştu.

Günümüzde orada halka soluk aldırmayan tiranlığın çok yoğun baskısı göz önünde bulundurulduğunda, bu gayretlerin küçümsenmesi mümkün değil! Bu halkın özgürleşme şansı, dünya halklarının genel olarak özgürleşmelerinden bağımsız olarak düşünülemez. Bunun ilk koşulu genel hoşnutsuzluğun büsbütün büyümesi nedeniyle –kapitalizmin gelişmesinin

---

* Union International des Travailleurs: Beynelmilel İşçiler İttihadı (Ç.N.)

geldiği düzey bir yana,– halkın daha fazla sömürülmesinin gerçekten imkânsız hale gelmesi –dolayısıyla da artık katlanılamaz ve dayanılamaz olması– ise, ikinci koşulu da ülkede bir değişim talebinin genel bir kabul görmesiyle devrimin gerçekleşmesidir.

Daha önce yayınlanan yazımda, ilk devrimci unsurların milliyetçi açılımın bağrında şekillendiğini, çünkü tarihsel belirleyicilik ve ekonomi bilimi açısından bunun mümkün olan tek yol olduğunu anlatmıştım.

Geriye, başka bir rejime duyulan büyük isteğin ve ülkeyi boydan boya kaplayan özgürlük özleminin vurgulanması kalıyor. Bu ülkedeki yoldaşlarımızın eylemlerinin yoğun biçimde uluslararası bir destek görmesi gereğini daha önce birkaç kez yazdım ve belirttim. Bunu bir kez daha belirtiyorsam, toplumsal yaşamdan ve bunun değişik görünümlerinden çıkan derslerin bunu öğretiyor olmasındandır: Çok büyük bir baskı altındalar ve sayıları, böylesine büyük bir görevi yerine getirebilmek için, pek yetersiz! Bu nedenle de bu görev sadece onlara değil, tüm Avrupalı komünistlere düşüyor.

Ortak düşmanımızın saldırılarının yoğunlaşmasından ve gitgide daha fazla hata yapmaya başlamasından dolayı artık gücünün azaldığının, artık zayıflamaya başladığının görüldüğü bu yol kavşağında, Rusya'nın Asya'ya açılmasının önemi daha da belirgin bir biçimde ortaya çıkıyor. Yoldaşlarımız saldırmaya başladılar. Şimdi yardım istiyorlar ve bekliyorlar. Tüm gücümüzle hizmetinde olduğumuz yüce amaçlar nedeniyle, bunları duymazlıktan gelme hakkımız yok.

03.12.1921

Emperyalizmimiz Türkiye'yi Fransızlardan nasıl kopardı

Bu yazı dizisinin başında, günümüzde Doğu olgusunu belirleyen en belli başlı özelliklerden birinin, dünyamızdaki sömürenler ile sömürülenler mücadelesinin çok kendine özgü bir biçimi olduğunu söylemiş, bu bölgedeki sömürünün niteliğini belirlemeye ve diğer ülkelerdeki biçimlerinden farklılıklarını -çünkü gerçekten de farklıdırlar -, yaygınlığını ve derinliğini göstermeye çalışmıştım. Ne var ki buraya kadar sadece kölelerle ilgilendik; şimdi ise -biraz da olsa- efendilerden ve onların kaderinden söz edelim.

Bunları birbirleri karşısındaki konumları ve karşılıklı tutumlarına göre yerli yerine oturtmadan önce, hızlı bir şekilde, saldırılan ülkede varolan düşünce yapısı ile buna saldıranların düşünce yapıları arasındaki farklara göz atalım.

Herkes biliyor ki saldırganlar üç tanedir: İngilizler, Fransızlar ve İtalyanlar. Geldikleri sırada geçerli olan değer yargıları ortamı bir tek cümleyle özetlenebilir: "Türkiye zaferi kazanan ülkelerin yaptırımlarını anlaşılabilir bir edilginlikle kabul etmeye hazırken, özellikle Fransa'ya kollarını açıyor ve tüm alanlarda -siyasal, ekonomik ve entelektüel- sömürülmeye razı ve hazır bir şekilde, onu bekliyordu; bu sanki yaygın bir önkabul idi: Fransa'ya düşen, onu da sömürgeleri arasına katmaktı."

Bu önermemi doğrulayacak sayısız örnek sunabilir, iki halk arasındaki olumlu havayı bunların yardımıyla canlandırarak anlatabilirim. Sadece en çarpıcı örnekleri vermekle yetineceğim.

Biraz tarih

Tarihin ayrıntılarına girmeyecek olmakla birlikte, XV. Yüzyıldan itibaren Türkiye ile Fransa arasında dostane ilişkiler bulunduğunu hatırlatmakla yetinelim. 1483 yılında II. Bayezid, Fransa Kralı XI. Louis'ye bir büyükelçi göndermişti. 1500 yılına gelindiğinde ise Fransa Kralı XII. Louis'den, Venedik Cumhuriyeti'yle yapmak istedikleri barış antlaşması için aracılık yapmasını rica etmişlerdi. 1526 yılındaki Pavie Savaşı sonrasında I. François'nın desteklenmek için yapmış olduğu başvurunun kabulü, Türk-Fransız bağlaşıklığını getirdi. 1739 yılındaki Belgrad Antlaşması, Fransa'nın Konstantinopl nezdindeki itibarını daha da arttırdı. 1789 yılında Türkler, Fransız İhtilali'ni, "sarıklarına kırmızı-mavi-beyaz renkli kurdeleler takarak" kutluyorlardı. Direktuvar dönemindeki gerileme ise ne Fransız İhtilali'ne temel oluşturan fikirlerin Osmanlı İmparatorluğu'nda yankı bularak yayılmasına, ne de Fransa'nın etkisinin devam etmesine engel olmadı. Sultan Abdülaziz'in 1867 yılında Paris'i ziyaret etmesiyle birlikte Türkiye, Fransa'yı entelektüel bakımdan örnek aldı ve ülkesine dönüşünde Fransız kurum ve kuruluşları Türkiye'de boy gösterdi. Özellikle eğitim ve öğrenimin Fransızca olarak yapıldığı Galatasaray Lisesi'nin açılması çok önemlidir, ki bu okul halen Konstantinopl'ün en önemli lisesidir.

Kuşkusuz, savaş sırasında Almanların yanında yer almış olması nedeniyle Türkiye'ye karşı çıkılacaktır, ama savaşa nasıl girdiği düşünülecek olursa bu daha iyi anlaşılabilir: Eğer Cemal Paşa, Talat Paşa ve Enver Paşa iktidarda olmasalardı, denge Almanlardan yana bozulmazdı. Türkiye, savaştakiler arasında, en fazla asker kaçağı olan ülkeydi (ÜÇ YÜZ ELLİ BİN!) ve bu savaş sırasında, özellikle basın yoluyla körüklenen şovenizm tüm ülkeyi sarmıştı ve polis, karşı tavır içinde olanlara, acımasızca, göz açtırmadı. Askerlerin önemli bir kısmı zorla evlerinden alındı ve bazı birlikler "bodrum alayları" diye adlandırıldı; çünkü bu askerlerin çoğu evlerinin alt katlarındaki bodrum gibi yerlerde, samanların arasında veya benzer kuytularda ele geçirilmişlerdi.

Fransızca konuşan Türkiye

II. Wilhelm, Türklerin savaşa Almanların yanında katılmalarını güvence altına almak için İstanbul'u ziyaret ettiğinde -ki bu olgu çok önemlidir-, savaşa girildiğini haber vermek için halka açık olarak, bir nutuk çekmek istemişti. Bunu gerçekleştirebildi, ama nutkunu Fransızca olarak okumak zorunda kaldı, çünkü Almanca olarak konuşsaydı, hiç kimse sözlerini anlayamayacaktı. Aynı şekilde, savaş süresince Türk diplomatları ile Alman diplomatlar arasındaki görüşmeler hep Fransızca olarak yapıldı. Almanya'da, Türk temsilcilerin bulundukları illerde de özel bazı kurallar uygulanmak zorunda kalındı, çünkü bunlarla iletişim ancak Fransızca olarak kurulabiliyordu.

Zira Konstantinopl'de Fransızca, neredeyse Türkçe kadar sık ve yoğun olarak konuşuluyordu; afişler, el ilanları, lokanta menüleri, eğlence yeri programları, kısacası hemen hemen her şey Fransızca olarak düzenlenmişti; hastanelerdeki neredeyse tüm hekimler, eğitimlerini Fransa'da yapmışlardı, cerrahlar sadece Fransız yöntemlerini kullanıyorlardı, piyasadaki araç-gereçler Fransız ağırlıklıydı, en seçkin okullar Fransızca eğitim verenlerdi... Biraz eğitim görmüş olan herkes ünlenmiş Fransız romanlarını tanır, bu dilde basılmış bir çok makale vb. yazıyı izlerdi. Hatta Fransa taşrasının dahi, Paris'in kültürel yaşamından Konstantinopl kadar etkilenmediğini söyleyebiliriz.

Ayrıntılara girecek olursam (ki ciltler dolusu örnek verilebilir), Loti'nin bu ülkeyi öve öve bitiremediğini ve orada adeta bir yarı tanrı gibi saygı gördüğünü, Fransız olan ne varsa büyük bir misafirperverlikle karşılandığını vs. belirtebilirim. Savaşta zafer kazanmış olan Fransa için yeni ilişkileri, uzun zamandan beri çok güçlü bir biçimde kök salmış olan bu sempatinin üstüne kurmak, hiç de güç olmayabilirdi ve -kapitalist bir bakış açısından bakılacak olursa- bu durumdan ne kadar da çok yarar sağlanabilirdi!

Ama Fransız emperyalizmi!

Beceri, uzlaşma düşüncesi, basiret ve zekâ gibi unsurları ve çıkarının nerede olduğuna ilişkin bilincini kullanamayan Fransız emperyalizmi ise ancak güç kullanarak, uyumsuzlukla ve kabalıkla, son derece aptalca hareket etmiştir. Aslında Batıda izlediği politika da özünde aynı utanç verici politikadır, ama burada daha iki yüzlü, daha sinsi ve örtülü davranmıştır. Sonuçta da kapitalist toplum, bu aşırılıklarıyla kendi kuyusunu kazmakta ve bir anlamda intihar etmektedir.

Fransa örneği, bir ulusun becerikli davranması halinde ne kadar da çok çıkar sağlayabileceğini gösteren ilginç bir örnektir. Oysa uygulamadaki beceriksizlik ve aşırılıkları ile emperyalizm, hiç istemeden de olsa, henüz koşullarının tam olarak oluşmadığı bir ülkeye bile, devrimin unsurlarını taşımayı başarmıştır.

08.12.1921

Fransız militarizminin yenik ülkelerdeki askeri başarıları

Fransa'nın ilk eylemi, bir simge haline geldi. Gerçekten de bu, tüm Türklerin belleklerinde, çarpıcı bir simge halinde kaldı. Çünkü bana her yerde anlatılan, hemen hemen hep aynı sözcükler ve tepkilerle, aynı şeydi: General Franchet-d'Esperey'in*, kente, sanki bir tiyatro sahnesine girer gibi girişi! "Bir bilseniz, Fransızların gelişini nasıl da istekle bekliyorduk!" diye, defalarca yinelediler. "Bizim beklediğimiz, 1789'un Fransa'sıydı! Büyük ilkelerin ve ülkülerin Fransa'sı; savaş sırasında açıkça hak, adalet ve özgürlük için mücadele ettiğini vurgulayan Fransa'ydı! Kurtarıcı, dürüst bir Fransa! Fransız birliklerinin gelişini beklediğimiz gün bizleri görebilseydiniz, gözlerinize inanamazdınız: Heyecanlı, umut dolu, savaş esnasında yaptığımız hatayı kabule ve bunun bedelini ödemeye, yazgımızı Fransa'nın ellerine bırakmaya hazır, ülkemizin yaralarını onun hukuku içersinde sarıp sarmalamak için istekli, çok büyük bir kalabalık… Göğüslerimizde haykırılmak üzere bekleyen çığlıkları bir bilebilseydiniz!..

"En başta bando, ardından askeri birlikler, alabildiğine sert ve acımasız bir ifade, Almanların bile bize reva görmedikleri bir egemenlik vurgusu, tüm vücudu atlas kumaşlarla örtülü olan ve dizginlerini iki seyisin tuttuğu bembeyaz bir ata binmiş olan Fransız generali, sanki bir imparator havasıyla ve sanki zaferi bizzat kazanmış bir fatih gibi, halkı aşağılayan bakışlarla süzerek, tüm kenti dolaştı. Tüm kent trafiğinin -tramvayların, vapurların ve otomobillerin- uzun saatler boyunca durdurulmasını emretmişti. Bu Prusya tarzı gösteri, yoğun bir sessizlik ve düş kırıklığıyla karşı-

---

* FRANCHET D'ESPEREY (1856-1942), Fransa mareşali. Haziran 1918'de Doğu'daki müttefik orduları kumandanlığına atandı. Mondros Mütarekesi'nden sonra İstanbul'da Fransız işgal orduları başkomutanı oldu. Beyoğlu'ndan beyaz bir at üstünde, azınlıkların gösterileri arasında geçmesi 8 Şubat 1919) İstanbulluların tepkisiyle karşılandı.

landı. Fransa bu muydu? Hâlâ inanmak istemiyorduk!... Ama, ah, işte bu böyleydi!..."

O günden beri yüksek komiserliğin tutum ve davranışları ile Türk halkını yönetmek için bütçesini kullanması korkunçtur! Fransa'nın propagandasına yarayacak işler yapan yalakalara tahsis edilmiş, ayda 20.000 frank tutarında bir "fon"! Yönetsel işlere karışan kadınlar mı ararsınız, sevgililerini yüksek ücretli makam ve mevkilere yerleştirenler mi... Metreslerinin kocalarına arpalıklar sunan generaller mi istersiniz, Levantenler Bürosu tarafından dağıtılan tazminatlardan yararlandırılanlar için sunulan ayrıcalıklar mı... Ya hayatları boyunca Suriye'ye adımlarını bile atmamış olanlara (mesela Kaymakzade kardeşlerin ve Bayramzade Murat beyin durumları!) Fransız konsolosluğunun da onayıyla ödenen tazminatlar!... Ve bu ödemeler, her defasında iki ile üç bin Türk Lirası (15.000 – 20.000 Frank) gibi, muazzam rakamlar idi!...

Ve o zamandan beri...

Ve o zamandan beri her hafta yinelenen askeri güç gösterileri: Konstantinopl caddelerinden bir Fransız generali geçecek diye durdurulan hayat, fener alayları, 14 Temmuz Bayramı kutlamaları, el konulan kışlalar ve binalar, binlerce ve binlerce insan açıkta yatarken, sadece orada bulunmuş olmak için bulunan bir yönetimin ihtiyaçları gerekçesiyle işgal edilen mekânlar, canları ne isterse yapabileceklerini zanneden subay ve askerlerin her fırsatta itip kaktıkları bir halk...

Ve o zamandan beri, Konstantinopl'un her köşesine yayılan bir terör ve kargaşa ortamı..."Herkes bana, savaş süresince Almanların denetiminde iken, herkesin güvenlik ve kurulu bir düzen içersinde yaşadığını söyledi. Dükkan sahipleri, kapılarını kilitlemeden de uyuyabiliyorlardı; şimdi olduğu gibi her tarafta geçiş kontrolları yapılan barikatlar yoktu ve hiçbir şey de olmuyordu." Ama müttefik işgalinden, yani Konstantinopl'ün güvenliğinin, Türk polisini saymazsan diğer üç ülkenin polisi tarafından sağlandığı bu dönemde, saldırganlıklar, gasplar, hırsızlıklar ve gece yapılan soygunlar, akıllara durgunluk verecek rakamlara ulaşmış bulunuyor (bana rakamları gösterdiler) ve bana örnekleriyle birlikte, kaynaklarımı saklı tutmak kaydıyla, İstanbul'da meydana gelen bu olayların sorumlularının, hiçbir şekilde cezalandırılmayacaklarından emin olan ve dokunulmazlıklarına güvenen polis memurları ile inzibat görevi yapan Fransız askerleri olduğunu, kanıtlarıyla birlikte, gösterdiler.

Ve o zamandan beri el konulan konutlar, çoluk çocuk demeden evlerinden atılan aileler... (Ancak, itiraf etmek gerekir ki bunlar, İngilizlerin uygulamaları ile kıyaslanamayacak kadar kaba ve hoyratça yapılmıştır!) Yüzlerce olay içinden rastlantısal örneklemeyle seçerek aldığım ve herkesin gözü önünde, alenen yapılmış olan üç örnek olayı aktaracağım. Bu, Fransız Tiranlığı'nın halkın gözünde ne anlam taşıdığını, sizlere anlatacaktır.

Ve Bahriye de...

1919 Ağustos'unda Amiral Excelmans, karargahını Boğaziçi kıyılarında, Kuruçeşme'de bulunan ahşap bir konakta, diğer ahşap konakların hemen yanına kurdu ve yakıt depolarını da hemen oraya yerleştirdi. Yangın tehlikesini gören mahalle sakinleri Amirali ziyarete gelerek kaygılarını anlattılar ve yakıt depolarının başka bir yere taşınması için yalvarıp yakardılar. Amiral bu insanları kapı dışarı etti. Ama birkaç gün sonra kaçınılmaz olan şey oldu ve büyük bir yangın patlak verdi, şiddetli rüzgarın da etkisiyle alevler, Kuruçeşme köyünü tamamen yuttu: Doksan ev yanıp kül oldu ve elbette hiçbir tazminat ödenmeyen ve herhangi bir yardımdan yararlanamayan yüzlerce, belki binlerce insan, evsiz kaldı.

1920 yazında Amiral de Bon, Bebek'teki, kullanımına tahsis edilen Jak Bey Yalısı'nda, bir akşam yemeği daveti verdi. Davet olağanüstü güzel olmalıydı; her tarafın çok iyi bir şekilde ışıklandırılması isteniyordu. Amiral donanma personelini getirtti ve gerekli kablo tesisatının çekilmesini emretti. Teknik elemanlar ve mühendisler itiraz ettiler: Amiralin istediği tesisat 50.000 mum yük getiriyordu; oysa yalının kurulu tesisatı ancak 10.000 mumluk bir yükü kaldırabilecek durumdaydı: Kaçınılmaz olarak, bir kısa devre meydana gelecekti! "Bana ne bundan!" diye yanıtladı Amiral; "İsterse ev yansın! Benim değil ki!" dedi ve emirlerinin yerine getirilmesinde ısrar etti. Mukadder akıbet gerçekleşti; gece indiğinde bir kısa devre oldu ve korkunç bir yangın çıktı. Yan yana, değerleri bir buçuk milyon Frank'ı bulan ve mekân olarak pek çok insana hizmet verebilecek olan bu iki güzel yalı tamamen yanıp kül oldular.

Bir başka akşam, birdenbire büyük bir müzik aşkıyla yanıp tutuşmaya başlayan aynı Amiral –bu kez görevinin sona ermesi ve ülkesine dönecek olması nedeniyle–, donanma orkestrasının, İstanbul'a otuz kilometre uzaklıktaki Tarabya'daki konutuna gelmesini emretti. Saat sabaha karşı birdi ve Amiral, müzisyenlerin on beş dakika içinde orada olmalarını emrediyordu. Adamlar derhal bir kamyonete dolduruldular ve keskin virajlarla dolu, çok bozuk bir yolda, delice bir süratle ilerlemek zorunda kaldılar. Bu kez de kaçınılmaz olan oldu ve kamyonet devrildi: Teğmen Malzac ile dört asker öldüler.

Bütün bunların rastlantısal olarak seçilmiş özel örnekler olduğunu bir kez daha hatırlatayım: Burada vurgulamak istediğim bu olayların nasıl bir kafa yapısının ürünü olduğu, Fransa'nın Doğu'daki temsilcilerinin tutum ve davranışları hakkında açık bir fikir verdiğidir.

10.12.1921

"Yani, Fransa bu mu?"
Fransız Emperyalizmi Budur!

Konstantinopl'deki zincirinden boşanmış yabancı kapitalizm azgınlığının yol açtığı kargaşa ortamı ve akıllara durgunluk verecek pahalılık, sözcüklerle anlatılacak gibi değildir... Bu söylediklerimi gözlerinizin önünde canlandırabilmeniz için, kentteki mezbahaların tekelini ele geçiren Fransız şirketini örnek olarak vermek istiyorum. Bu şirket kurulmadan önce, çeşitli semtlere dağılmış durumda, bir çok mezbaha vardı ve kasaplar buralara gelerek hayvanlarını kesiyor ve bu mekânların temizlik ve diğer hizmetlerini de bizzat yerine getiriyorlardı. Ama daha sonra verilen bir emirle, tüm kasaplardan hayvanlarını kentin bir hayli dışındaki Fransız Mezbahası'na götürmeleri istendi. Bu durumda sadece et fiyatlarının daha da artmasına yol açan bir kesim ücreti ödemekle kalmadılar, bir de üstelik şirketin et fiyatlarını belirleyen kurallarına uymak zorunda kaldılar ki bu durumda özellikle işçi sınıfı bu fiyatlarla et yiyemez hale geldi.

Yine aynı şekilde, Kontantinopl'de bulunan, Dünyaya ve gelişmelere iğrenç bir biçimde yanlı yaklaşan Fransız basınından söz etmekte yarar var. Bu gazeteci müsveddeleri, konusu sosyalizm olan tüm konulara, tam bir alçaklıkla, bütün gerçekleri saptırarak yaklaşmaktadır. (*Şark [l'Orient]* gazetesinde, *Boğaziçi [Bosphore]* gazetesinde veya adına gazete diyen bu türden basılı kağıtlarda, gün geçmez ki "Türkleri tehdit eden en büyük tehlike: Bolşevizm" gibi ahmakça bir başlık belirmesin ve Maksim Gorki hırsızlıkla, komünistler haydutlukla ve sosyalist idealler de ağzı kanlı bir saldırganlıkla suçlanmasın!) Ben burada sadece böylesine iğrenç bir basının Fransa için nasıl da olumsuz bir etki yarattığının altını çizmek istiyorum. Aşağılık Binet-Valmer'in bu dur durak bilmeksizin attıkları çamurlar, kanıt diye ileri sürdükleri zırvalıklar, düşünce fukaralıkları, ruhlarının karanlığı, söylemin kabalığı ve cümlelerindeki katlanılamaz yazım hataları karşısında aydın Türkler ve Türkiye, haliyle ve haklı olarak soruyor: "Yani, Fransa bu mu?" Ve tam bir iğrenmeyle arkasını dönüyor...

Toplumsal içerikli fikirlerin ifade edilmelerini yasaklayan, düşünce özgürlüğünü boğan, karşı devrimci ve kralcı olmayan gazetecilerin yazı yazmaları engellenmektedir (*Humanité*'nin olduğu gibi tüm sosyalist ve "ilerici" yayınların Konstantinopl'de satılması ve dağıtılması yasaktır! Özel olarak oluşturulmuş bir sansür kurulu, abonelere postalanan Humanité'leri okuyup dağıtımlarını engellemekle uğraşmaktadır: Son otuz sayının yirmi dokuz tanesi yırtılarak imha edilmiş bulunmaktadır! Neyse ki (!) abonelere zararlı olmadığı kanaatine varılan o tek nüsha, üzerine "İzin verilmiştir" diye bir damga vurmak suretiyle, yerine ulaşabilmiştir!...)

İnsanlar ister istemez, "Cumhuriyet" adı altında örgütlendiği halde kraliyetçilerin her türlü propagandasına sadece izin vermekle kalmayıp, üstelik bunu hararetle destekleyen ve özendiren devletin, aşırı sağcı örgütlere üye denizci subayların donanmada en belirleyici noktalara geldikleri ülkenin gerçekten de Fransa olup olmadığını soruyorlar... Düşünce özgürlüğüne inanan insanların polis takibine ve eziyetine uğradıkları, mutlakçı hükümdarların ve sultanların tiranlıklarına bile rahmet okutacak kadar dehşet verici bir terör uygulanan; halkının çarmıha gerilmesini izlemekle yetinmeyen, üstelik bir de bu suça iştirak eden bu ülke, Fransa mı?

Tüm bunlardan çıkartılabilecek bir tek sonuç var: Doğu ülkelerindeki Fransız emperyalizmine karşı, olanca gücümüzle dikilmek gerekiyor! İster kapitalist, ister komünist olsun, kendisini bilen tüm Fransızların, ülkelerinin Doğu'da üstlenmeye çalıştığı rolün ne olduğunu anlamaları (ki bu konuda Fransa yalnız değil!), buna şiddetle karşı çıkmaları ve mutlaka devrimci özlerine dönmeleri gerekiyor! Kuşkusuz bu görevi yerine getirecek olan, emperyalist Fransa değildir ve olamaz. Ne var ki onun bugün uygulamakta olduğu aşırılıklar, toplumsal patlama sürecini mutlaka hızlandıracaktır..

Bozkırın Büyülü Yoksulu
(Küçük Asya yollarından)

Serdier [Jacques Sadoul] sessiz odama adeta bir göktaşı gibi daldı.
- Hey Serdier! Yavaş ol, her şeyi kıracaksın!

Kafamı kağıtlarımdan kaldırdım, sandalyemin üzerinde döndüm ve parmağımla, oturulduğunda Moskova'nın altın kubbelerinin ve gri-yeşil damlarının görüldüğü bir tabureyi işaret ettim.

Ama Serdier oturmadı. Vücudundan sanki elektrikli bir radyatör gibi hararet fışkırıyordu. Ayağa kalktım ve dostumuza yaklaştım. Genellikle adeta bir şakayık gibi rengarenk olurdu; küçük gözleri kıpır kıpırdı ve yuvalarında fıldır fıldır dönüp yakut sarısı kıvılcımlar saçıyorlardı. Zoru neydi acaba?

- Haydi, acele et! Ankara'ya gitmek üzere hareket ediyoruz!

Birdenbire geriledim. Masama yöneldim ve kendimi topladım. Ankara... Ankara... Elbette. Ama böyle, apansız, birdenbire... Alnımı sıvazladım.

- Eveeet... Bir heyete katılacağız... Yazılacak yazılar... Söyleşiler... Yeni Türkiye üzerine incelemeler... Geniş mi geniş bir çalışma alanı...

Faltaşı gibi açılmış gözlerle Serdier'ye bakarken beynim inanılmaz bir hızlı çalışıyordu.

Eveeet... Hangi ucundan tutmalı acaba?...

Olayların akışına boyun eğeceğim adeta gözlerimden okunuyordu.
- Eeee, duydun mu?
- Bir dakika Serdier, ciddi konuşalım. Bu seyahat ne zaman?
- İki saat içinde yola çıkıyoruz!

Hiçbir manevra imkânım kalmamıştı. Masamın yanındaydım, masam da duvarın yanındaydı. Serdier, enerji fışkıran bir canlılıkla kapıya yöneldi. Kapı ile duvar arasına sıkışmış durumda, adeta gıcırdayan sesini duydum:

- Duydun değil mi? Anlaşıldı mı? Acele et!... İki saat!... Küçücük bir valiz yeter!

Ardından kapı kapandı.

Geçen bir buçuk saat içersinde neler yaptığımın farkında bile değildim. Bütün bildiğim yanıma almam gerektiğini düşündüğüm belgeleri ve kitapları topladığım, küçük çantaya bir çift pabuç, biraz iç çamaşırı ve bir elbiseyle birlikte tıkıştırdığımdı. Tam bu sırada kapımın önünde bir ayak sesi duyuldu ve Serdier'nin kafası göründü -bu kez sanki leylak rengindeydi- .

- Eveeet... Hazır mıyız? Haydi, kıpırdayın, otomobil hazır! Tren benim sandığımdan yarım saat daha erken kalkıyormuş. Nikola garından!...

- Ama Serdier'ciğim, bana bir on beş dakika daha veremez misin?

- Derhal hareket ediyoruz!

- Serdier, hiç değilse on dakikacık!...

- Bir dakikanız bile yok!...

- Bari beş dakika!...

Kapıyı çarparak kapattı ve koridorda koşarak uzaklaştığını duydum.

O zaman, delice bir süratle valizimi kaptım, askıdan adeta sökerek aldığım bir mantoyu içine tıkıştırdım, emaye bir çaydanlığı -Rusya'da seyahatin vazgeçilmez parçası- kaptım ve fırladım. Otelin geniş merdivenlerinden koşar adım inerken çalıştırılan bir motorun homurtusunu işittim. Sokağın soğuk rüzgarı suratıma çarparken bir akrobasi hareketiyle ya da bana yardım eden bir mucizeyle kendimi bir elimde çaydanlık, öbür elimde tam kapanmamış olduğu için kapağının arasına sıkışmış gömlekler ve çamaşırlar sarkan bir valiz, ensemde sallanan şapkamla ve mantom kaldırımları süpürerek, son hızla hareket eden bir otomobilin kapı basamağında dikilirken buldum.

Soluğumu topladığımda, gardaki bir büfenin masasının çevresinde oturmuş altı kişiydik ve kim olduğunu bilmediğim bir sarışın, bana üçüncü kezdir soruyordu:

- Pivo?*

- Da, da, pivo!**

Böylece herkes Rusya'da pek matah sayılan bu berbat biradan birer

---

* Bira?
** Evet, bira!

bardak aldı, ben de masanın etrafındakileri dikkatli bir bakışla süzmeye koyuldum. Benimle aynı telden çalan Pierre'in [*Marcel Paz*] yanında, boynuna kadar çıkan tüm düğmeleri ilikli, çok kalın ve çok koyu kahverengi bir kumaştan bir ceket giymiş olan elli yaşlarında, ufak tefek bir adam vardı. Teninin rengi ceketininkinden sadece bir ton daha açıktı; harikulade siyah gözleri ve gür saçlarını kısmen örten, gri astragandan yüksek bir kalpağı vardı. Hem bir din adamına, hem de düşük ücretli bir memura benziyordu. Serdier, sanki benim içimden yaptığım sorgulamaya cevap verir gibi yüksek sesle tanıştırdı:

- Cebet [Ahmet Cevat Emre] yoldaş, Cebet! Türktür; Anadolu'yu epeyce tanıyor; eminim bize çok yardımcı olacaktır.

Onun yanında, sarışın ve düz saçlı, neşeli ve tipik bir Rus oturuyordu. Alaycı ve şaşırtıcı bir tonda açık mavi gözleri ve çok açık renkli -kamelya benzeri- bir cildi vardı. Güçlü bir çenesi ve boğa gibi kalın bir boynu hemen göze çarpıyordu, ama sanki Mikelancelo'nun bir yontusu gibi güçlü ve saygın görüntüsüne karşın, biraz hayalperest, biraz da hafifmeşrep bir havası vardı.

- Sourine [*Zorin*], diye tanıttı onun yanındakini Serdier.

Sourine piposunu kül tablasına bıraktı, genç bir hokkabaz gibi güldü ve birasından kocaman bir yudum aldı.

Bir çeyrek saat geçti ve hareketi haber veren üç çan sesinden sonra, ekibimizin kuryesi Stieklof da bizlere katıldı ve trenimiz sarsılarak yola çıktı.

Birkaç gün sürecek bir yolculuk için hiç de konforlu sayılamayacak olan yerlerimiz, üçüncü sınıftan alınmıştı! Ama her yanından şarkılar yükselen ve ayçiçeği çıtlatılan, hemen hemen tüm yolcuların ellerinde boş birer çaydanlık, ama sıcak bir bardak çay bulunan, insanların bitmek tükenmek bilmez söyleşiler tutturdukları bir trendi bu; vagonların iki yanından sonsuz yeşil düzlükler akıp gidiyordu... Daha ne olsun?!... Önümüzde bilinmezlikler vardı...

Serdier, ansızın, alnına vurarak ve kollarını kavuşturarak, her zaman olduğu gibi yüksek sesle ve sıkıntılı bir tavırla, bana bakarak konuştu:

- Hay allah, hiç aklıma gelmemişti ! Sen kadınsın!

Eh, yani Serdier! Ne diyeyim?! Sen beni Sivastopol'e kadar getir, ondan sonra da birdenbire benim kadın olduğumu hatırla! Kadınlarla erkeklerin hemen hemen hep aynı tür işleri yaptıkları Sovyet Rusya'da, hiç de alışılmadık bir söylem...

- Ne diyeceğimi bilemiyorum! Bir denizaltıya bineceğiz.

Vallahi, işte bu iyi haber! Ben bir denizaltıya bineceğimizi zaten biliyordum: Karadeniz'i boydan boya tarayan Yunan gemilerinden kaçabilmek için, buna mecburduk. Zaten bir kaç dakika sonra bizi alıp götürecek olan denizaltı da oradaydı; limanın sonunda, gri renkli torpidolarla savaş zırhlılarının aralarından seçilebiliyordu. Serdier'nin kafası karışık gibiydi. Acaba Kırım'ın yakıcı güneşi ve masmavi göğü yüzünden mi? Benim içimde de tuhaf bir gerginlik duygusu kendisini hissettirmeye başlamıştı.

- Resmi emir gayet açık: Bir denizaltı, bizi Küçük Asya kıyılarına kadar götürecek. Bilmem, bunun üzerinde düşünüldü mü? Denizaltıya binecek olan bir kadın!

Pierre'e döndüm. Yedek elbisesini bana verebilir miydi acaba?... Evet, ama... giyinecek zamanımız var mıydı?

Bu sorunun cevabını bizim bulunduğumuz rıhtıma yanaşan teknemiz verdi: Bir gemici mümkün olduğu kadar çabuk binmemizi söylüyordu. Eh, ne yapalım? Bakalım ne olacak!...

Birkaç saniye sonra küçücük geçiş köprüsünün üzerinde, körfezin dalgalarıyla sallanıyorduk. Gemiciler bizim eşyalarımızı teknemizin karnına yerleştiriyorlardı: Görünen güçlükler, pek de katlanılmaz gibi değildi...

Daha limandan çıkarken, bir ses duyuldu: "Herkes aşağıya!" Denizaltı meraklı gözlerden saklanmak için dalmak zorundaydı.

En çok canımı sıkan, o daracık merdivenden inmek zorunda olmamdı ve gemiciler bu görüntü karşısında neşeyle kahkahalar attılar. Titreyerek ve titrediğim için de utanarak indim ve aşırı ısıtılmış, uzun salona ulaştım. Burada, bizim grubumuzla birlikte on altı ya da on sekiz kişi vardı.

Her şey yolundaydı: Kapak kapatılmıştı ve dalış başlıyordu.

Bizleri suların altına indiren bu daracık hapisanede korkunç bir sıcak vardı. Gemimiz iki bölümden oluşuyordu: Bir tarafta hareket kazanı, makineler, türbinler, manometreler, kablolar ve borular inanılmaz biçimde sıkışık bir düzen içinde yer alıyor ve bütün bunlara yarı çıplak bir ilah, yanıp sönen bir takım ampullere bakarak ve düğmelere basarak kumanda ediyordu; öbür tarafta ise duruma göre oturma odası, yatakhane, mutfak, gezinti güvertesi ya da toplantı odası olarak kullanılabilen, ucuna doğru gidildikçe daralıp sivrilen bir salon vardı. Gemicilerin üst üste asılı hamaklarıyla, kutu ve sandıklarla, tuhaf görüntülü aletlerle ve büzülüp oturmuş adamlarla tıklım tıklım dolu olan bu mekânda, bir tek metre kare bile boş alan yoktu.

Derinlere indiğimiz hissedilmiyordu. Yol aldığımız da ancak makinelerin biteviye ve tekdüze homurtularından anlaşılabiliyordu. İçbükey duvarlardan paslı bir sıvı ağır ağır sızıyor, uzun zamandır terk edilmiş ve akan suların etkisiyle lekelenip kirlenmiş bir yumurta kabuğunun içinde bulunduğumuz duygusu veriyordu. Zaman geçtikçe, atmosfer de gitgide ağırlaşıyordu. Alınlar, iri ter damlacıklarıyla kaplanıyordu. İster istemez kaybolan denizaltılardaki işkenceyle boğulmalar akla geliyordu. Böyle bir durumda, paylaşmak zorunda kalacağımız hava ne kadar da azdı!

Bir süre sonra hafif bir sarsılma oldu ve bir an duraklayan teknemiz, hemen ardından yeniden hareket etti.

Soğukkanlı bir gemici, sakin bir sesle açıkladı:

- Yeniden yükseliyoruz.

Gıcırtılar ve metalik bazı sesler duyuldu; bu daracık iç mekânda adamların adeta yarısı yeni ve eziyetli bir takım manevralar gerçekleştirdiler.

Oh nihayet hava, taze ve temiz hava ile bir ışık seli boşandı! Kavrulmuş dudaklar üzerinde tadına doyulmaz bir serinlik gezindi. Bu olağanüstü güzel maviliği içimize çektik ve gözlerimizle yiyip yuttuk, yanık yağ ve katran kokusuyla karışık havayı soluduk. Üzerimize yapışmış sıcak ve nemli ortamı dağıttık ve kaslarımızı gerip gevşettik.

Koyun çemberi boyunca uzanan ve basamaklar halinde yükselen güzel ve neşeli Sivastopol, hâlâ oradaydı. Mermer yapılar güverte köprüsünün üzerinden sanki zümrütler arasındaki fildişi oyuncaklar gibi görünüyorlardı.

Ah! Ne güzellikti bu! Tavuskuşu mavisi denizin üzerinde yükselen ve güneşin titreşimleriyle kıpırdanan yarı elmas, yarı firuze görünümlü bir kent! Gri-beyaz renkli rıhtımlar, evlerin iç içe geçmiş çılgın kalabalığı; az önce yemek yediğimiz, kazıklar üzerine inşa edilmiş lokanta, uzaktan görüntüleriyle sıkıştırılmış birer İ harfine benzeyen yüzücülerin süsledikleri plaj; daha yukarılarda ise üst üste yığılmış köpük tabakaları izlenimi veren kent... Servi ağaçlarının yeşilliği ve geniş bulvarları süsleyen palmiye ve çam ağaçları... Solda, pembe yolun öteki tarafında uzanan, Rus ordusunun III. Napolyon'un askerlerini karşıladıkları, sanki uçsuz bucaksızmış hissini veren ova... Orada, 1855 yılında kentin yazgısını belirleyen Malahov (Malakoff) Tümülüsü. Biraz daha uzakta, kuşatma esnasında ölen bahtsız yüz bin kişinin gömülü olduğu büyük mezarlık. Karantinaya Körfezi'nde, Chersonese (Yarımada) Harabeleri; biraz daha uzakta ise koskocaman güneş damlalarına benzeyen Saint-Vladimir Katedrali. Eh, nihayet, en sağda, Rusya'nın lacivert rengin kıyısındaki pembelik ve yeşilliğin görüntüsüyle kendisini belli belirsiz gösteren cenneti, imparatorlarla eşlerinin dinlenmeye geldikleri ve henüz çok uzak olmayan bir zamanda II. Nikola ile ailesinin de bu güzelliklerden alabildiğine yararlandıkları yer; Yalta.

Denizaltı, adeta bir köpek balığı, kanatsız bir kuş gibi denizi yarıyor, dalgaların üzerinde sıçrayarak ve uçarak ilerliyordu. Su yüzeyine o kadar yakındık ki bu gezinti güvertesi her an suya dalar gibi oluyor, dalgalar bizi sürekli olarak ıslatıyordu. Hani istense, biraz eğilerek eli suya daldırmak işten bile değildi... Denizin sihirli etkisi ve iradesi, hepimizin üzerinde kendisini gösteriyordu. O sakin ve kıpırtısızken bizler de sakinleşiyor, ama biraz ileride sular kaynaşmaya ve dalgalanmaya başlayınca, onun o olağanüstü gücünü hissediyor ve yay gibi geriliyorduk.

Artık ardımızda kalan Kırım, Karadeniz'in koyu mavisinin kenarında yer alan, yabangüllerinden ve mersin ağaçlarından yapılma bir taç gibiydi. Yalıyarlar, üzerinde sessizce yol aldığımız mavi canavar tarafından birer birer yutularak, suların ardında kayboldular.

Dört bir yanımız su, dört bir yanımız gökyüzü ... Ürküntü verici su yeşili bir yalnızlık...

... Ve sen, henüz görmediğimiz Asya toprağı... Bizler için sakladıkların nelerdir?

Huuu, hu huuu!...
Huuu, hu huuu!...
Huuu, hu huuu!...

Akordu bozuk bir yangın alarmı gibi şom, uğursuz bir sesle çalan sirenin ciyak ciyak bağırtısı bile, gökyüzü ile denizin o görkemli ve gözü pek duruluğunu bozamıyordu.

Huuu, hu huuu!... sesi yeniden duyuldu, ama giderek yavaşlayan, adeta alaylı bir tonlamayla sürüp giden bu "Huuu!" sesleri, önümüzde yumuşacık eğimlerle katlanarak yükselen kıyıda hiçbir hareketliliğe yol açmadı; hiçbir ahşap ev gri gözünü-kapısını açmadı ve iki kilometre kadar uzaktan gördüğümüz, adeta bir oyuncağa benzeyen küçük limandan da hiçbir filika ayrılmadı.

Aramızdan birisi, zaman zaman mırıldanıyordu: "Yine de bunun hiç de kolay olmadığını itiraf etmek gerek!" Sonra da sızlanan bir ses yankılanıyordu: "Ah! Bu Türkler pek de yaman!" Ama, gerçeği söylemek gerekirse, aramızdan hiçbiri öfke göstermiyordu.

Gemi adamlarının arasına karışmış bir halde denizaltının önüne doğru ilerledik. Kimi zaman çömelerek. Kimi zaman ise -yeterince yer olmadığı için sıkışık bir biçimde- dikilerek, neredeyse bir saatten beri, herhangi bir sabırsızlık belirtisi göstermeksizin, büyük, gümüşten bir balık gibi mavi sularda hafifçe sallanarak yüzen hapishanemizden kurtulacağımız anı bekliyorduk.

Aslında önümüzde birdenbire dikilen bu doğu ülkesi, üzerimizde oldukça katı, sert bir etki yaratmıştı. Rusya'nın sonsuz tekdüzeliğinden, insanlara egemen olan sınırlarından, alev alev yanan gözlerden, dört bir yanda görülen kadın emeğinden, uçsuz bucaksız düzlüklerinden, alabildiğine geniş nehirlerinden henüz dün ayrılmış; bugün ise kara şeridini sanki rengârenk bir kolye gibi taşıyan bu denizi aşarak, yüzümüzü, boynumuzu ve her yanımızı ısırır gibi öpen bu vahşi güneşin altında görkemli uykusunu uyuyan bu ülkeye gelmiştik...

Dikkatli bakıldığında, yol arkadaşlarımdaki tepki, tutum ve davranışlardaki gevşeme belirtileri, kolayca fark edilebiliyordu. Daha bir gün önce Sivastopol sokaklarını kararlı, sinirli bir yürüyüşle arşınlayan o yorulmak bilmez Serdier, şimdi denizaltının gri gövdesinin üzerine yayılarak oturmuş, Sourine'in alışılagelmiş takılmalarına ve şakalarına karşılık bile vermiyordu. Sourine aralıksız konuşuyor, bir yandan sigarasından dumanlar üflerken beri yandan kahkahalar atıyordu. Hemen yanlarındaki Pierre ise, bizleri çevreleyen bu lacivert cennetin tadını çıkartır gibiydi. Sadece Cebet, her zaman olduğu gibi sessiz ve sakin, gezinti güvertesinin ortasında yere oturmuş, tam bir Türk gibi, çevresini izliyordu. Siyah zeytin gibi gözleriyle bakınıyor, genel neşeyle uyumlu bir biçimde gülüyor ve sabahın tadını çıkartıyordu.

Birdenbire kurye, elini, kolunu sallayarak bağırmaya koyuldu:

- Tamam! İşte geliyorlar! Şu tarafa bakın! Hayır, oraya değil, şu tarafa...

Gerçekten de dalgakıranın arkasından içinde kırmızı kafalar olan ve iki yanında suyun üzerinde adeta böcek bacakları gibi gezinen üçerden altı tane kürek bulunan bir sandal çıkmıştı. Sirenin sesi derhal kesildi. Az önce bu gürültüyle yırtılan sessizlik hızla geri geldi ve denizaltının karnından çıkartılan valizlerimizdeki pasaportlarımızı çıkartıp gelen Türk yetkililerine teslim etmek üzere toplayarak bekleştik.

Acele etmiyorlardı. Giderek daha iyi seçilebiliyorlardı. Bu fesliler, sanki gezintiye çıkmış gibiydiler. Eğimli kıyıya doğru sanki namaz kılar gibi eğiliyor, yavaş ve kibar hareketlerle yeniden dikiliyor, böylelikle bize bir yaklaşıp bir uzaklaşarak sanki çocukluğumuzdaki "uçtu uçtu, kuş uçtu" oyunu oynar gibi hareket ediyor, yanık tenli suratları denizde yansıyarak durgun suyu küreklerle kıpırdatarak yaklaşıyorlardı.

Bitip tükenmek bilmez görüşmeler oldu -Anımsıyor musunuz arkadaşlar?- ve hatta bazen bu tartışmalar giderek sertleşti; çünkü aramızdan birisi hiçbir salgın hastalık mikrobu taşımadığına ilişkin resmi belgesini yanında getirmeyi unutmuş ya da kaybetmişti; bunun üzerine, Ankara ile Moskova arasında mekik dokuyan Stieklof'a eşlik eden, 4 kişilik resmi görevli bir heyet olduğumuzu defalarca yineleyerek söylememiz gerekmişti. Sonuçta her şey tatlıya bağlandı ve hepimiz, valizlerimizle birlikte bu Türk kayığına doluştuk. Böylece o ileri-geri salınarak yaptıkları hareketler yeniden başladı ve yol almaya koyulduk.

Asya toprakları!...

İşte, kafalarımızın içine hükmederek ayaklarımızın altındaydı: Görüntüsüyle gururlu olsa bile yer yer çökmüş, kupkuru, zeytin ağaçlarıyla bezenmiş, uzanıyordu. Kimileri yaşça daha büyük, kimileri ise iyiden iyiye küçük bir çocuk sürüsü, karıncalar gibi kaynaşarak ve aralarında itişip kakışarak valizlerimizi taşımaya koyuldular: Alabildiğine güneş yanığı suratlarının üzerine eski püskü fesler giymiş, iki büklüm, bağırıp çağırarak ve grubumuza yürüyüş halinde bir kervan görüntüsü vererek ilerliyorlardı.

Uzun süre tırmandıktan ve valizlerimizi gümrük işlevi gören bir hangardaki üniformalı bir uyurgezerin denetiminden geçirdikten sonra, İnebolu kasabasına ulaştık. Stieklof'un genç hamallarımızın yardımıyla bize tahsis edilmiş olan otomobili bulması için geçirdiğimiz birkaç dakikadan sonra, dördümüz birlikte, bir lokanta aramak üzere İnebolu'ya girdik.

Ne sefalet! Gezgini her adımda şaşkınlıklara sürükleyen ve küçük bir mücevhere benzeyen bu kasabanın hemen her sokak köşesinde, bizi neşeyle güldüren bir ayrıntı saklıydı!

- Hey, şuraya bak! Oraya, oraya!...

Gösterilen yer, bir Türkün içinde adeta bir Buda heykeli gibi oturduğu, sarı taneli tespihlerle, amberlerle, misk yağları şişecikleriyle ve bir sürü tuhaf eşyacıklarla dolu bir dükkândı.

- Buraya bak! "Burası" da yassı yufka ekmekleri pişirilen ve bunların üst üste yığıldığı, küçük bir fırına benziyordu. Sağ taraftaki manav dükkanında ise tepeleme yığılmış karpuzlar, sivri biber küfeleri, siyah üzüm sandıkları, domates kasaları ve incir sepetleri görülüyordu! Ya camiye ne demeli?

- Şuna bakın! Oyuncağa benziyor ve minare de sanki beyaz bir kalem gibi!...

- Ya şu dükkan?! Bu, dikine bir şişe takılmış, koni şeklinde ve kırmızımtırak renkli bir et yığınının ateşin önünde yavaşça döndürülerek kızartıldığı ve üzerinden akan yağların sanki bir kum saatinden süzüldüğü bir kebapçıydı.

- Ya bütün bu adamların becerikliliğine ne demeli! Ama, bu inanılır gibi değil! Ağları neredeyse yere değen bu pantolonlar! Bu işlemeli kemerler! Yaşlıların feslerinin çevresine fırdolayı sarılmış bu eşarplar!...

Ve kadınlar! Karmakarışık bir şekilde itişip kakışarak sanki üst üste yığılan, pamuklu çarşaflarının altında sadece iri gözleri görünen kadınlar!... Ama sanki hepsi de birbirine sarılmış gibi kaynaşan, geveze bir serçe sürüsü gibi aralarında hiç durmadan yüksek sesle konuşan bütün bu kadınlar nereden çıktı? Ve satıcılar; kimileri bir taşın üzerinde dikilen, kimileri de tezgâhlarının önünde ya da yanında çömelen ve bir heykel gibi duran satıcılar!

İtiraf etmek gerekir ki yürüyüşümüzü yavaşlatıp aksatan sadece sağa sola fırlattığımız meraklı bakışlar değil, ama aynı zamanda ve belki daha da çok, önümüzde ve yanımızda kaynaşan ve bir böcek sürüsünü andıran, sayıları her an giderek daha da artan, yapışkan çocuk sürüsüydü. Cebet onları uzaklaştırmak için bağırıyor, azarlıyor, yumruğunu göstererek tehdit ediyor ve o zaman bu çocuklar adeta bir sinek sürüsü gibi uzaklaşıyorlar, ama bir an sonra sesini alçaltmasıyla birlikte, yeniden gelip yapışıyorlardı. Bizleri okşayan yumuşacık bakışlarla bakıyor, sanki küçük birer değirmen gibi hiç durmadan oynayan ağızlarıyla ve bize doğru uzattıkları elleriyle, sürekli dileniyorlardı:

- Lütfen bayım, para verin!... Pajalusta, barişnia, daitie mnie!... Bitte, mein herr, Geben sie geld!...

Sonuç olarak kazandılar: Sourine, bir düzine küfürden ve kesin bir biçimde geri çevirmeden sonra ceplerini boşalttı ve yanındaki az miktarda Türk parasını onlara verdi, Pierre hepsine sigara dağıttı ve Serdier de satın aldığı bir sepet inciri hepsine teker teker dağıttı.

Birkaç dakika sonra sıra, yolun kenarı boyunca dizilmiş ayakkabı boyacılarındaydı. Birkaç dakika sonra ayaklarımızı tahta kutularının üzerindeki bir çıkıntıya sırayla yerleştirerek pabuçlarımızın üzerine tükürmelerini, küçücük kirli elleriyle boya sürmelerini ve kılları seyrelmiş bir fırça ve havı dökülmüş bir kadife parçası ile parlatmaya çalışmalarını ilgiyle iizliyorduk.

Ayna gibi parlayan çizmeleriyle gururlanarak ve adeta kirletmekten korkarak özenle yürüyen Serdier, bir kapıyı göstererek sordu:

- Girelim mi?

Bu, sokaktaki alabildiğine davetkâr tüm dükkanlar gibi bir eşikten, üzerinde çerçeveli birer manzara resmi asılı iki duvardan ve alçak bir tavandan ibaret, yoldan geçenleri adeta içeri çağıran bir mekânın kapısıydı ve Cebet, ısrarla, buranın bir lokanta olduğunu yineliyordu

Yapış yapış bir masanın iki yanındaki banklara yerleştik ve yaşlı patron, adeta bir uyurgezer gibi siparişlerimizi almaya geldi. Öyle pek de ahım şahım bir seçeneğimiz de yoktu; pilav, şiş kebap ve zeytinyağlı patlıcan.

On iki yaşlarında bir çocuk ortak kullanımımız için tek bir bardaktan, soğuk su testisinden ibaret servisi açarken ve herkese birer de tabak verirken bizler de duvardaki, Mustafa Kemal'in sinek pislikleriyle lekelenmiş bir resmini seyrediyorduk. Bu arada biriken meraklı bir kalabalık da bizleri seyrediyordu; öylesine ki lokantanın dayanak duvarının üzerine dirseklerini dayamış, bizi biraz daha yakından görmeye uğraşıyorlardı.

Az sonra olup bitenin farkına vardım: Bu merakın, ürküntünün ve skandalın öznesi, ne yazık ki bendim! Bir örtü ile saklanmamış saçlarım ve yüzümle, etekli elbisemle, şapkamla ve hepsinden daha da ötesi, dört adamın arasındaki doğal görünümüm ve davranışımla! En fazla şaşkınlık gösterenler ise, ne korkak bakışlarında açıkça hayvansı bir ürkeklik görünen kadınlar, ne de bu beklenmedik konuğun belirgin biçimde horgörülmelerine ve aşağılamalarına sebep olduğu yaşlılardı; ama bunlar özellikle artık dayanak duvarının üzerinden atlamış olup parmaklarıyla beni biribirlerine gösteren çocuklardı! Bunlar benim en küçük bir hareketimi bile o kadife yumuşaklığındaki siyah gözleriyle izliyor, hatta parmaklarıyla dokundukları zaman kımıldayıp kımıldamayacağımı anlama gayretine giriyorlardı.

Patron tepeleme pirinç pilavıyla dolu büyük bir tepsi getirip ortaya koydu, tabaklarımızı doldurdu ve herkese üzerinde kızarmış koyun eti parçaları bulunan demir birer şiş dağıttı.

- La ilahe illallah!..

Bu, minarenin şerefesini bir yüzük gibi çevreleyen alçak tırabzanların üzerinden sarkarak, sanki pek de insana özgü olmayan, genizden gelen ve tekdüze bir sesle ezan okuyan müezzindi.

- La ilahe illallah!..

Müezzinin ezan okumasını kendi kulaklarıyla işitmeyen birisi, bunun nasıl bir şey olduğunu gözlerinin önüne getiremez. Haydi, Konstantinopol sokaklarında varolan her türlü gürültüyle karmakarışık bir halde iken bir derece anlaşılabilirdi; ama bu ezan, bir sahil köyünde -belki ortamın sessizliği, belki de uçsuz bucaksız açık alan dolayısıyla- sanki demirden bir gırtlaktan çıktığı hissini, izlenimini veriyordu.

Tepeleme dolu iki sepet üzümümüzü de yedikten ve -bir hayli kabarık

gelen- hesabı da ödedikten sonra Cebet,

- Beni izleyin, dedi.

İyi bir rehber gibi gösterdiği tozlu, karmakarışık, dolambaçlı ama çok şirin sokaklardan geçerek, denize tepeden bakan, şaşkınlık verici bir terasa ulaştık. Kalın bir iple birbirlerine bağlanmış ve çok sık yapraklı bir asmayı taşıyan dört sırığın altında, üzerlerinde kımıltısız Buda'ların bağdaş kurarak ayaklarının üzerinde oturdukları ve nargilelerini sessizce tüttürdükleri sekiler kare biçiminde yerleştirilmişti. Ortada küçük masalar ve iskemleler vardı, güneş giderek ufka yaklaşıyor ve batmaya hazırlanıyordu. Önümüzde bir sessizliğin ve sonsuzluğun uzandığı bu mekân İnebolu'nun en seçkin yeri, duruma göre borsa ya da toplantı alanı, en büyük kahvehanesi, kısacası kalbi idi.

Orada kaç saat geçirdik bilinmez! Bir fincan kahveyi, öbürü izliyordu. Cebet kahverengi çizmeler giydiği uzun bacaklarını uzatmış, kendisine bir nargile söyleyen Sourine ise çocuklar gibi kıkır kıkır gülüyordu. Öbür iki arkadaşım ise kıpırdamadan, denizden gelen tertemiz ve lacivert havayı adeta büyülenmiş gibi soluyarak, ufka yaklaşan güneşi izliyorlardı.

- Bence- hepimizin birden tamamen unuttuğumuz Stieklof'un ansızın ve beklenmedik gelişi ile güneşin denize düşerek kaybolması öylesine denk geldiler ki, birdenbire bu seyahatimizin amacının hiç de sadece İnebolu'nun meydan kahvesine gelmekle sınırlı olmadığını hatırladık.

Burnundan soluyordu Stieklof...

- Olan oldu! Bizi götürecek olan otomobil ça-lış-mı-yor! Üç yüz kilometre çevremizde de kullanabileceğimiz başka bir araç yok! Ne zaman onarılabileceğini de hiç kimse bilmiyor! Yalvardım, ama nafile. Hiçbir şey için söz veremiyorlar. Ah! Ne adamlar, ama!.. Burada kaldık! Kaldık!

Şaşkın bir sessizlikle kalakaldık bir süre, ama sonra Avrupalı canlılığımız üstün geldi.

- Eee, bu da neyin nesi böyle? Haydi canım, sen de! Bize bu otomobili vereceklerini vaat etmemişler miydi? Her şey önceden ayarlanmıştı ve düzenlenmişti, değil mi? O halde bu arabayı kiralayan soytarı nerede? Bozuldu da ne demek? Ona bu dünyanın kaç bucak olduğunu gösteririz!

Hepimiz ayakta ve kararlı bir biçimde, aramızda Türkçe konuşabilen tek adam olan zavallı ve sevgili Cebet'i sorgulayıp duruyorduk. Cebet ise, uzun bacakları upuzun uzanmış, kolları iki yana doğru açılmış, başı arkaya doğru devrilmiş, güneşin ılık öpücüğüyle, kendinden geçmiş öylece duruyordu.

Kaderine boyun eğmiş bir adamın çaresizliğiyle ve tiz bir sesle konuştu:

- Ne diyorsunuz yani?! Araba arıza yaptıysa, arıza yaptı demektir! Elimizden ne gelir? Paris'te değiliz (Bunu bize, üçümüze, Serdier'ye, Pierre'e ve bana söylüyordu). Sourine'e dönerek ekledi:

- Moskova'da da değiliz. Size bu lanet arabayı onaramayacaklarını söyledilerse, bu onu onaramayacaklar demektir! Beklemekten başka yapılabilecek bir şey yok!...

Henüz pek farkına varmış olmasak da, böylelikle oryantal bir yaşamla tanışmaya başlamış oluyorduk. Bu ne kitaplardaki, ne de masalsı tasvirlerdeki Doğu'ydu. Hayır; bu, on yüzyıl geriden gelen bir ülkedeki günlük yaşamdı.

Haklı olmasından dolayı gizliden gizliye Cebet'e kin ve nefret besliyorduk. Resmi görevliler süklüm püklüm geri geldiklerinde suratları asıktı; arkadaşımızın onlarla kinayeli bir biçimde konuşması, hepimizin içimizde yoğun bir tepki duymamıza yol açtı. Ama adam, uzlaşmacı bir sesle konuştu:

- Bakın, dedi yüzündeki gülümsemeyi eksiltmeden; sizi, hepinizi evine davet etmek isteyen birisi var. Bu daveti kabul eder misiniz?...

Her türlü nazik öneriyi kabul etmeye hazırdık! Evet, bizi ertesi gün Ankara'da bekliyorlardı, yapılacak bir dolu işimiz vardı ve biz, burada, bu kayıp köyde sıkışıp kalmıştık!...

Cebet'in yanında dikilen ve kim olduğunu bilmediğimiz genç adam, elini kalbinin üzerine koyarak selamladı bizi: Bir tanrı kadar güzeldi ve uzun, bir ceylan gibi güzel gözleri vardı. Adı Salih'ti ve terziydi; amberden tespihinin tanelerini elinden hızla geçirerek öne doğru eğildi:

- Bakın, benim dükkanım orada! Görüyor musunuz?

Gösterdiği yer daha yukarıda, sahilin denizde sanki taştan yapılmış bir koyun gibi bir şekille birleştiği noktadaydı.

Sonuç olarak gezintimiz, bu noktada bitmiş oldu. Bu tanımadığımız ev sahibimiz bizler için bahçesine, incir ağaçlarının altına üç tane koskocaman halı serdi, tepsiler dolusu üzüm ve incir ikram etti, sıcak kahve ve soğuk su sundu. Daha sonra kendi yazdığı şiirleri okudu, bizlere saz çaldı ve gün giderek koyulaşan bir kırmızı tonla kavuşurken bizi otelimizin kapısına kadar uğurladı. Bu, kasabanın en iyi oteliydi ve belirgin bir gururla söylediğine göre, biz orada layık olduğumuz rahatı, huzuru ve konforu bulabilecektik.

İyi, güzel de sözünü ettiği bu konfor neredeydi? Basamakları kırık, ahşap bir merdivenle çıkılan bu odada mı? Gerçekten de, ciddi ciddi, bu odada mı yatacaktık? Başka oda yok muydu? Bu, her duvara bitişik birer garip yatağın bulunduğu mekânda mı konaklayacaktık? Hepimiz birlikte mi? Vay canına! Peki... nasıl temizlenecektik? Otel sahibimiz şaka yapmıyordu. Salih de gayet ciddi idi. Tüm otel ve tüm müşteriler için, topu topu yarım kova, o da pek temiz olmayan su vardı...

Gece lambasının ışığında bana şilte görevi yapacak olan berbat kokulu saman torbasına dikkatle baktığımda pek çok, artık kararmış olan ufak tefek kan lekesinin varlığını fark ettim ve bunların ne olduğunu Cebet'e sordum.

- Tahtakuruları, dedi, karmakarışık ve dalgalı saçlarını parmaklarıyla boşu boşuna düzeltmeye çalışarak... Bu kadar az varsa, ürkmeye değmez. Bu zavallı minik böcekler hiç de korkunç değildir yoldaş; göreceksin ki kolayca alışılabilir.

Yol arkadaşlarımız paltolarını saman dolu şiltelerinin üzerine serdiler ve elbiselerini çıkarmaksızın, öylece uzandılar. Ben de onlar gibi yaptım. On dakika sonra hepsi de uykuya dalmışlardı.

Sinirli karakterimden ötürü kendime sövüp sayıyordum; bu, benim irademden daha güçlü bir özelliğimdi: Uykuya dalmam mümkün olmuyordu. Sanki güçlü bir elektrik pilinin üzerine yatmış gibiydim ve sanki her yanıma binlerce incecik iğne ucu batıyordu. Cep fenerimi yakarak ışığında baktım: Tüm yatak boyunca minik kahve taneleri gibi bir takım hayvancıklar geziniyordu. Yastığın üzerinde de pek çok inatçı böcek vardı ve mantomun üzerinde koşuşturuyor, bir kertenkele hızıyla yastığın üzerinden şilteye atlıyor ve bir kat yerinde kayboluyorlardı. Saman şiltenin her köşesi, adeta bir karınca yuvası gibiydi. Fenerimin ışık huzmesini şiltenin kenarlarına kaydırdım: Gerçekten de kahverengi ve parlak minik düğmecikler gibiydiler: Tombullar, saydamlar, mini minnacıklar... en küçük bir harekette kaynaşmaya başlayan değişik renk ve şekilde, bir çok tahtakurusu vardı.

Dehşete kapılmış bir şekilde ayağa kalkmış, yaptığım gürültü nedeniyle bir arkadaşımın uyanmasını umarak dikiliyordum; ama boşuna... Serdier, uykusunda, suratında gezinen sayısız tahtakurusunu fiskeler atarak kovalıyor, Sourine ve Pierre ise böceklerin ısırıkları pek katlanılmaz bir hal aldığı zaman el ve kol hareketleriyle havayı döverek ve yatakta sağa-sola dönerek, uyumayı sürdürüyorlardı. Aralarında en mutlu bir şekilde uyuyan ise hiç kuşkusuz Cebet idi.

Mantomu yere, doğrudan doğruya döşemeye sermeyi denedim, ama bu daha da berbat bir sonuç verdi: Yerdeki her çatlaktan ve delikten, adeta savaşa giren müfrezeler gibi, sayısız böcek fışkırıyordu. Kollarım tahtakurusu ısırıklarıyla kabarmış, yüzüm iyiden iyiye şekilsizleşmiş ve boynum ezdiğim böceklerden fışkıran kanlarla lekelenmiş bir halde, odadaki tek koltuğa oturarak sabahı sabah etmeye çalıştım. Bir yandan açık pencereden denizin yavaş yavaş kızaran yüzünü, bir yandan da sayısız minik lekeyle bezenmiş duvarlarda gezinen tahtakurularını seyrediyordum.

Sabah olmak bilmedi...

Sabah olup da ortalık yoğun bir ışık seliyle yıkanmaya başladığında kendimizi yorgun, aç ve az-biraz temizlenebilmiş bir şekilde o daracık sokaklara attık ve İnebolu gözüme bir önceki gün olduğundan daha az güzel gibi göründü. Kısa bir süre sonra Stieklof ışıl ışıl bir neşeyle "aracımızın onarıldığını ve hareket edebileceğimizi" haber verince bunu sanki kaderimizin, kaçınılmaz ve zorunlu bir cilvesi gibi algıladım.

Bu paslı demir yığınına "otomobil" adını vermek, hayli iddialı bir şeydi ve dört tekerleğinin üzerinde yüksek bir konumda yerleşmiş bu kamyonete, üzerine oturacağımız bazı sıralar yerleştirilmişti. Gerçekten de buna "otomobil" demek pek kolay değildi! Ama etrafımızdaki kadın ve çocuk kalabalığı, buna pek yakından ve hayran gözlerle bakıyorlardı. Araç kasabanın meydanında, yola çıkacağımız ana kadar, sanki kıyamet gününden çıkıp gelmiş tuhaf bir yaratık gibi, bizi bekledi.

Artık Asya toprakları, hayranlıkla ve şaşkınlıkla bakan gözlerimizin önünde, açılıyordu. Aracımız, büyük bir iyi niyetle, bir ırmağın yağmurlarla yükselen sularının neredeyse yarısını alıp götürdüğü ve iri taşlarla çakıllardan oluşan bir yolda, mavi bir uçurumun yanından, homurdanarak ilerliyordu.

Ah! Bu tatlı ve ılık rüzgâr!.... Kendimizi bu dağların doruklarını, bu yoldan yükselen toz bulutlarını, doğu yönünde uzanan bu granit kütlelerini, bu dolambaçlı vadileri, bu sanki her birinin arkasında bir sürü silahlı adamın bizi beklediği mor tepeleri, gökyüzünün yerine geçen bu mavi mutluluğu, bu yoğun ışık selini fethetmek üzere yola çıkmış gibi hissediyorduk!... Nasıl olmuş da kötü geçen bir geceden ve beklenmedik bahtsız bir takım şeylerden dolayı kendimizi, kısa bir süre için bile olsa, böyle keyifsiz hissedebilmiştik?!... Ah! İşte büyük an gelmiş ve muhteşem yörelere doğru yola çıkmış, ruhumuzun yüce beklentilerini karşılayacak maceralara yönelmiştik!...

Birdenbire aracımız durdu ve şoförümüz bakışlarıyla Cebet'i aradı, sonra da ona bir şeyler söyledi.

- Ne oldu?

Cebet tercüme etti:

- Tüfeklerimizi yanımıza alıp almadığımızı soruyor.

- Tüfeklerimizi mi?...

Tartışma sürüp gidiyordu ve Cebet'in kafasının karıştığı görülüyordu. Bizim tanıklığımıza ihtiyaç duyduğu belli oldu ve bizlere dönerek söylediklerine onay bekledi:

- Ama bizim sadece iki tane tabancamız var; öyle değil mi?

Evet; Pierre'in ve Sourine'in birer tabancası vardı. İyi de tüm bunlar ne demek oluyordu? Sonuç olarak can sıkıcı bir durumdu bu!...

- Diyor ki... Yani bize saldırırlarsa, bu çok yetersizmiş... Bu durumda devam edip etmeyeceğimiz konusunda tereddüt ediyor...

"Bize saldırırlarsa" da ne demek? Saldırırlarsa!...

- Aslında, netice itibariyle adam haklı, diye inledi o ince sesiyle Cebet; bu bölgelerde hep saldırılar olmuştur... Bir sürü haydut var... Eh... Öyle değil mi? Kendimizi savunabilmemiz gerekir...

- Ne?! Vay canına! Bu ciddi olamaz!... Şu halde yakın koruma istemeliyiz! Ya da başka ve daha güvenilir bir yoldan gidelim!

Her kafadan bir ses çıkıyordu, ama Cebet, o kara gözleri yuvalarında fıldır fıldır dönerken, hep susuyordu. Ne bizleri koruyacak birileri vardı, ne de başka bir yol... İlk kez bizim, yani bu yolcuların herhangi bir haydut hücumuna uğramayacaklarını, uğramayacağımızı söylüyordu. Şimdiye dek her zaman bu yollarda saldırılara uğranmıştı; özellikle de savaş başladıktan sonra. Yüz binden fazla asker kaçağı eşkıyalığa başlamıştı. Yoldaki ağaçlar kadar eşkıya vardı...

Yolun iki yanındaki ağaçlara bakıyorduk ve bu ağaçlar sanki hareket ediyormuş gibimize geliyordu...

- Bari yolu biliyor muymuş, tanıyor muymuş, diye sordu Serdier. Araba bir arıza yaparsa tamir edebilecek mi? Bir sonraki köy ya da kasaba ne kadar uzaklıkta?

Cebet, tüm bu soruları tercüme etti.

Şoförümüz yolu pek iyi bilmiyordu, ama bu işin altından kalkabileceğini umuyordu. Onarıma gelince, samimi söylemek gerekirse bu işten anlamıyordu. Aslında İnebolu-Ankara seferini sadece üçüncü kez yapıyordu. Bulunduğumuz noktadan ileriye doğru seksen kilometre boyunca da, bırakın bir kasaba veya köyü, bir tek ev bile yoktu.

Daha sonra, tahtakurularına bakarken yaptığı el hareketini yineledi:

- Pöh! Eşkıyalarmış!... Bizleri neden öldürsünler ki?... Her yolculukta da ölünür mü?!... Yani... Valizlerimizi alırlarsa alsınlar ve belki silahlarımızın olmaması daha bile iyidir… Yaşayalım ve görelim… Allah yardımcımız olsun!

Aracımız yeniden yola çıktı, ama ani bir hareketle birbirimizin üzerine yuvarlandık: Bir uçurumdan uçmamıza ramak kalmıştı…

Eh, yolculuğumuz iyi başlamıştı, hani!...

Yol alıyorduk. Burası Asya topraklarıydı. Kimselerin yaşamadığı, yaşanmaz bir ülke olan Asya. Ah! İnsanların hiçbir zaman gitmek istemedikleri topraklar!

Gözlerimizin önünde uçsuz bucaksız yayılan bu topraklar nasıl kutsanabilirdi? Bu topraklar hakkında gerçeği ve düşünülen her şeyi söylemek gerekirse, o nasıl övülebilirdi?

İtiraf etmeliyim ki eğer ruhlarımız dağların kül rengi ile mavimsi arası toz beyazı yamaçlarında geziniyorsa, bu, oralarda saklı olan kutsallığı aradığı içindir!.. Biz beş yoldaş, bu pek eski kamyonetin alçak tavanının altında iki büklüm olmuş durumda, sanki Japon bir ressamın incecik ve hafif fırçasıyla renklendirilmiş olan manzaraların duru, yarı saydam ve pırıl pırıl hatlarını izliyorduk. Elmaslarda kırılarak ortalığı binbir renkle süsler gibi titreşerek yayılan ışığı yudumlarken, boğazlarımız bu yoğun tozdan dolayı kupkuru idi. Bir yandan içimiz uçsuz bucaksızlık duygusuyla ve lacivertle dolup taşarken, midelerimiz açlıktan adeta kazınıyordu!..

Diğer dördümüzden farklı olarak Cebet'in oryantal dokulu ruhu, dördümüzden farklı bir şekilde tepki veriyordu. Çok daha eşitlikçi ve çok daha az duyarlıydı. Aracımız yoldaki çukurlara düştükçe Serdier "Ay!" diye bağırır, Sourine küfürü basar ve ben küçük aptal çığlıklar atarken, Cebet'in renksiz-kahverengi ve siyah-ruhu sessiz ve tepkisiz kalıyor, aracımızın zıplayıp sıçramalarını pek doğal karşılıyordu. İçinde yuvarlanarak ilerlediğimiz taşlı topraklı toz bulutunu umursamıyor ve çevresine, o kömür rengi gözleriyle, gayet tarafsız bir şekilde bakıyordu. Güneş tepemizde devasa büyüklükte ateşten bir kuş gibi dönüp duruyor, ama çevremizde, sanki bir tapınaktaymışız gibi yoğun bir sessizlik hüküm sürüyordu. Yolculuğumuz, içinden geçtiği her ayrıntıyı itirazsız, sessiz ve tepkisiz bir biçimde sindiriyordu.

Sonsuz bir zamanın içinde kaybolmuş gibiydik. Kimi zaman, aptal bir merakla, bağırıveriyorduk:

- Bakın! Yolcular!

İnebolulu kadınlar, yolun kenarındaki yabani otlara benzeyen ve bu yabanıl manzaraya tam uyum sağlamış olan kadınların yanında, son derece şık ve kibar kalıyorlardı. Hani yatak şiltesi yapılan kare desenli bir pamuklu örtüyü çok amaçlı olarak kullanıyor, saçlarını ve yüzlerini örtüp saklıyor, aynı zamanda manto gibi kullanıyorlardı. Bir diğer kareli kumaşı da ortadan yarı yarıya keserek pantolon gibi yapıyor, ayak bileklerinin üstünden büzüp bağlayarak bir şalvar elde ediyorlardı. Uzaktan bakıldığında, elbette aradaki mesafeye de bağlı olarak, arkalarında kalan fonun üzerinde, hareket halindeki çuvallara, ya da İncil'den çıkagelmiş azizelere benziyorlardı. Yakından bakıldığında da neye benzediklerini söylemek pek kolay değildi, çünkü bu yürüyen alete binmiş olan bu şeytanlar onlara yaklaşınca deliye dönüyor ve ya en yakındaki çalılığın arkasına kaçıp saklanıyorlar ya da çalılık bulunmayan bir tepeye tırmanırken karşılaştığımızda sinirli bir tepkiyle örtünürken kaçamak bir bakış fırlatıyorlardı.

Erkekler, bu ermiş kadınların elli adım kadar önünden gidiyordu. Eşeğinin üzerine bilge bir efendi gibi oturmuş, fesinin çevresine bir sarık sarmış, hemen göğsün alt hizasından başlayan çok bol bir pantolon giymiş olarak yol alıyorlardı. Genel halinden, tavrından, davranışından ve yapayalnızlığından, onun sahip ve efendi olduğu kolayca anlaşılabiliyordu.

Ne var ki karşılaştığımız tüm bu insanlar, sanki Cebet'i hiç ilgilendirmiyor gibiydi. Yola çıktığımızdan beri geçen saatler boyunca elleri dizlerinin üzerinde, hemen hemen hiç kımıldamadan oturmuştu ve dümdüz önüne bakıyordu; sessiz ve dingin hatları sanki balmumundan yapılmış bir maskeye kazınmış gibiydi ve güneş bu maskeyi eritip akıtacağına, daha da sertleştiriyor gibiydi.

Birdenbire şoförün omuzuna hafifçe dokundu ve alabildiğine sakin bir ifadeyle mırıldandı:

- İşte onlar!

Uçsuz bucaksız bir ovaya ulaşmıştık; bu geniş düzlüğü çevreleyen yükseltiler alabildiğine uzaklardaydı ve gözlerimize hiç de önemli bir engel gibi görünmüyorlardı. Bu belli belirsiz yükseltilerin ortasında adeta bir çanak gibi kalan ovanın ortası ise, bulanık renkli bir toz okyanusundan ibaretti.

Şoförümüz elini gözlerine siper ederek aracımızı iyice yavaşlattı.

Orada, sanki bizden kilometrelerce uzaktaymış gibi görünen bir yerde, bize doğru ilerler gibi görünen yoğun bir toz bulutu yükseliyordu.

- Duralım, diye, zayıf bir sesle mırıldandı Cebet.

Bu sırada Sourine ile Pierre brovninglerini hazırlıyor; şoför ise direksiyonu bırakmış, tedbirli bir şekilde kendisinden uzak tutmaya çalıştığı tuhaf bir aleti evirip çeviriyordu.

Silahı olmayanlar ise, kimi kirpi gibi büzülmüş, kimi ise başları tavana değerek ve uyuşmuş bacaklarının izin verdiği kadarıyla, kutuların ve iplerin arasında, sanki savunmaya geçecekmiş gibi dikiliyorlardı.

Bu rengarenk ve gösterişli toz bulutu gözlerimizin önünde gitgide büyüdü, ufkun sedefsi fonundan koptu ve ardında ince bir yılan gibi uzanan artçılarıyla, giderek daha da belirginleşti.

Evet, gerçekten de bunlar ONLARDI! Yoksa hayatımız bu uçsuz bucaksız çölde mi noktalanacaktı? Birdenbire saldırıya mı geçeceklerdi? Vücutlarımız kurşunlarla delik deşik mi edilecekti? Katliam ne kadar acımasız olursa, gözlerimiz o kadar oyulacak ve vücutlarımız kalbura mı dönecekti?!...

- Korkmayın! diye homurdandı Serdier, - Belki de sadece valizlerimizi alıp giderler!..- Çok da umurumuzdaydı sanki!

Giderek belirginleşen yılankavi yürüyüş kolu yeri sarsıyor, çok gürültülü bir biçimde ilerliyordu.

- Hepsi de atlı, diye mırıldandı şoför.

Bu anda ölümün seçeneği, bazılarının aklına gelebileceği ve hayalinin kurulabileceği gibi kahramanca bir mücadeleye atılıp bu badireden sıyrılmak değildi. Gözlerimiz küçük ayrıntılarda gezinerek, yolun kenarındaki çalılarda ya da hendeklerin derinliklerinde büyük umutlar arıyordu.

Artık sayabilirdik... Elli, evet, yaklaşık elli kişiydiler... Oluşturdukları kitlenin üzerinde dikilen tüfeklerinin namluları, ilerleyen bir tırtılın duyarlı ve düzenli kıllarına benziyordu. Bütün bu seslere kulak kabartmış ve dikkat kesilmiştik. Atların yürüyüşünden çıkan yoğun ses kalbimizi sıkıştırıyor, sanki bir çok kazma birden toprağa hep birlikte saplanıyormuş gibi bir izlenim veriyordu.

Hiç kımıldamadan oturduğumuz hareketsiz aracın içinde, brovninglerin mat yansımalarından başka hiçbir hayat izi yoktu. İfadesiz suratlarla bizlere bakıyorlar, yaklaştıkça arkadan gelenler öndekileri itekleyerek kendilerine yer açmaya çalışıyorlardı.

Tanrım, ne kadar da çirkindiler! Sanki Cengiz Han'ın baskıncılarıydı!.. Her zaman ve her yerde görülebilen bir haydut sürüsü: Kirli, kaba, yabanıl, bakışları acımasız, yırtık pırtık giysiler içinde, kuşanmış oldukları tuhaf kayışlarda garip silahlar asılı... Genç ve terli erkek vücutlarından fışkıran yoğun bir ter ve kir kokusu, sanki bir kovboy filminden çıkmış gibi üzerimize gelen, gerçek bir haydut sürüsü...

Yirmi adım kadar yakınımıza geldiklerinde, başlarında at süren haydudun kolunu tehditkâr bir ifadeyle kaldırıp yürüyüş kolunu durdurduğu görüldü. Havlar gibi bir takım seslerle haykırdı. Kuşkusuz bizlere yönelik bir ikazdı bu.

Ama birdenbire tuhaf bir şey oldu ve şoförümüz kahkahalarla gülmeye koyuldu. Onun da haydutlarla işbirliği içinde olduğu düşüncesi bir an için aklımızdan geçti. Ağzı kulaklarına kadar yayılarak ve sinirleri boşalmış bir adamın kahkahalarıyla, sarsılarak gülüyordu.

- Ama, bunlar jandarmalar yahu!

Cebet silahını aceleyle cebine soktu, şoför de direksiyonun üzerine kapandı. Jandarma kolunun kumandanı rahatça geçebileceğimizi, yolun on beş kilometrelik kısmının tamamen temizlendiğini söyledi. Anlaşıldığı kadarıyla bizim on iki kilometre kadar önümüzden bir başka otomobil daha gidiyordu.

O anda, hayatımızın sonuna kadar aklımızdan çıkmayacak olan bir mutluluk dakikası yaşadık.

Yaşama sevinci, birden gelen gevşeme, alabildiğine rahatlama! Özgürlük!

Biz henüz neşe ve mutluluk sarhoşluğunu üzerimizden atamamıştık ki, jandarma kolu yeniden, adeta bir solucan gibi kıvrılarak, sonsuz boşlukta yol almaya koyulmuştu. Aracımız şimdi sıradan bir araç olmaktan çıkmış, bu toprağın ilkbaharının neşe ve keyfinin alabildiğine yaşandığı, ama içi ateş gibi yanan, çok sıcak bir fırına dönmüştü. Ama bizler artık kutuların, paket ve valizlerin, ip ve kayışların arasında sıkışmış beş vücut değil; içinde göklerin dört rüzgarının neşeyle hüküm sürdüğü bir bayram yerindeki beş çocuk gibiydik!...

İzleri biraz silikleşmiş olsa da, içselleşmiş bir soyluluğun hüküm sürdüğü, doğal sınırları olmayan bir uçsuz bucaksızlıkta yayılan sonsuz düzlüklere gelmiştik artık.

Bu izler çok fazla da silikleşmiş değildi. Kuşkusuz Tanrı Yehova Musa'ya,"ihtiyaç duyabileceğin her şeyi yanına al ve öylece yola çık!.." dediğinde, O da böyle, alabildiğine sınırsız, masmavi eğrilerle donanmış, bir zamanların yediveren güllerinin yerlerinde yeller esen, kalın bir toz tabakasıyla örtülmüş ve boz renkli tepelerle bezenmiş bir yöredeydi!... Peygamber, gök gürültüsünü andıran sesiyle bağırır gibiydi:"Amorralıları,

Kananalıları ve Jebusalıları, senin önünde silip süpüreceğim!.." Belki de uzaktan uyuyan devlere benzeyen bu değirmi şekilli kayalar, bu antik halkların taşlaşmış görüntüleriydi...

Belki de ufkun giderek silikleştiği bu giderek kararan çizgi, kuzeyin büyük krallarının geçebilmeleri için açılmış ve yol vermişti... Ağır ağır, ama kararlı bir biçimde ilerleyen bu siluet, üzerine yün bir elbise giymiş, atalarının altın kılıcıyla silahlanmış, mükemmel vücutlu bir savaşçıya mı aitti?

Güneş batıyordu. Ova, ürküntü verecek kadar sarp ve yalçın uçurumlarla yarıldı. Artık bir dağ yolunda ilerliyorduk. Bir yanımızda dimdik inen bir uçurum ile yan yana giderek, kimi zaman vadinin dibine iniyor ama hemen arkasından ani bir kıvrılışla yeniden tırmanmaya başlıyorduk. Bir akordeonun körüğü gibi kıvrım kıvrım kıvrılan bir boğazdan geçip, hemen arkasından da lav püskürtüleriyle bezenmiş bir düzlüğe çıkıyorduk.

Nasıl ki kuşlar kanatlarını iki yana açıp bükerek çökerler, biz de ruhlarımızı askıya alıp kollarımızı iki yana açmış, sırtımızı dayamaya yarayan iki demir çubuğa yapışarak yol alıyorduk. Geride kalan saatlerdeki sessiz yolculuktan sonra motorumuz ve aracımız, her yanından korkunç sesler çıkarmaya başlamış, bir duraklayıp bir ileri atılarak ilerlemesini güçlükle sürdürüyordu. Yine uçurumlar tehdit edici bir biçimde uzanıyorlardı.

Bu, belki de haydutları beklemekten bile daha kötü bir durumdu. Dakika başı İngilizce bir küfür savuran Sourine, "Bu işkenceyi bitirelim!" diye inledi."Bu Allahın belası kamyonu burada bırakalım ve yola yaya olarak devam edelim! Bununla devam edersek, tanrı bizim cezamızı verecek!"

Bu yaptığımız, şeytanla iddialaşmak gibi bir şeydi. Yol bazen öylesine daralıyordu ki sol taraftaki tekerleklerimiz dağın yamacını ısırırken, sağ taraftaki tekerlekler ise zaman zaman uçurumun boşluğunda dönüyordu. Az sonra patika tamamen kayboldu: Çok derin bir yarık, yolu tam ortasından kopartmıştı sanki! Devam edebilmek için ulaşmamız gereken öbür tarafla aramızda bir uçurum vardı. Ölümün soğuk elini sırtında hisseden şoförümüz dehşet içinde, deliler gibi frene bastı ve aracımız uçuruma ramak kala güçlükle durabildi. Önce pusudaki bir panter gibi titredi, ama sonra, sanki sıçramaya hazırlanan dev bir çekirge gibi tamamen hareketsiz kaldı.

Brrroouummm! Gr- gr- gr- gr- grrr! Patapatapoum!...

Zavallı şoförümüz, kontağı her zorlamasından sonra, alnında biriken terleri ceketinin kolunun tersiyle siliyordu; her yeni denemeden önce bizlere kaçamak bir bakış fırlatıyordu. Başka çözüm kalmadığını anlayınca yazgımıza boyun eğerek aracımızı itmeye koyulduk. Çılgınca bir tempoyla, bagajları bir mancınık gibi öbür yana fırlattık ve aracımızı iterek yarığın yanından geçip yola koyduk. Tekerleklerin her devrinde bir mucize gerçekleşti ve sonunda motor yeniden çalışmaya başladı; dördümüz birden, aynı anda, Sourine'in şarkısını haykırdık: "Those mountains!... Those mountains!..."*

Gece iyiden iyiye bastırdı. Kadife gibi yumuşacık ve akışkan bir karanlık, bizleri sarıp sarmaladı. Farların kör aydınlığı, önümüzü ancak hayal meyal görmemizi sağlayabiliyordu.

Sırtlarımızı kamburlaştırmış, iki büklüm, gözlerimiz yola dikilmiş, dikkat kesilmiştik. Far ışığının cılız, ölgün ve soluk parmağı ilerilere uzanıyor, yoldaki delikleri, sağdaki ve soldaki büyük beyaz kaya kütlelerini, sel yataklarını, ağaç kütükleriyle doldurulmuş yol yarıklarını, neredeyse yuvarlanacağımız, ama son anda güçlükle fark ederek kaçındığımız uçurumları görür gibi olmamıza imkân veriyordu.

Birkaç saat sonra öylesine kasılmış ve katılaşmıştık ki, adeta aracımızın metal aksamıyla bütünleşmiş, hoplayıp zıpladığı engebeleri hissetmez olmuştuk. Sanki uçsuz bucaksız Rus steplerinde yapılıyormuş gibimize gelen bu yolculuk hiç bitmeyecekmiş gibimize gelmeye başlamıştı ki engebeli arazinin bittiğini ve düze çıktığımızı fark ettik; aynı anda da bir kente yaklaşmakta olduğumuzu anladık: Evlerin cılız ışıkları ve hayvanların boynundaki çanların çangır çungur sesleri, hiçbir kuşkuya yer bırakmayacak biçimde gösteriyordu bunu...

- Kastamonu, diye mırıldandı Cebet, susuzluktan kurumuş bir sesle...

Aracımız küçük bir kahvehanenin önünde durdu. Bu büyüleyici bir duyguydu ve aynı anda hemen oracıkta insanlar birikmeye başladı.

Çok iri burunlu biri, bu nargile içicileri kalabalığının içinden sıyrıldı ve gerinerek bizlere yaklaştı:

- Size kötü bir haberim var! Bize gideceğiniz bildirilen Rusya elçiliğinde bir yangın oldu. Sebebi henüz bilinmiyor, ama yandı işte...

Cebet'ten başka hiç kimsenin Türkçe konuşamadığını ve anlamadığını fark edince, ağzını eliyle saklayarak, sanki bir sır veriyormuş gibi, ama bu kez kulağına söyleyerek yineledi.

---

* Bu dağlar! Bu dağlar!

Merak etmiştik ve neler olup bittiğini öğrenmek istiyorduk.

Cebet, alışageldiği üzere, omuz silkerek mırıldandı:

- Pöh! Buna daha sonra bakarız!

Şu an için önemli olan, yatacak bir yer bulmaktı. Uyumak, aracın sıçramalarını hissetmemek, artık önümüzde dev köstebeklerin altüst ettikleri yolu ve "those mountains"ı görmemekti!...

Acınacak bir durumda, uyuşmuş, suratlarımız ve her tarafımız kir pas içinde ve yorgunluktan bitip tükenmiş olarak, "Han"ın merdivenlerine doğru sürüklendik. Kireç badanayla beyazlaştırılmış duvarlar, uzun ve loş koridorlar, hasır örgü sandalyeler: Geniş mekânıyla burası bir otele benziyordu! En azından on odası vardı! Belki de yirmi! Yani ayrı ayrı odalarda kalabilirdik!

- Bu bence iyi bir fikir değil, dedi Cebet. Bilinmezliklerden ürker gibiydi. "Neresinden bakarsanız bakın... Beni uyardılar... eh, yani... (kararsız bir bakış fırlattı ve başını uzun uzadıya sallayarak sürdürdü.) Bana güvenin dostlarım, hepimiz bir arada ve giyinik yatacağız; hem de tabancalarımız dolu olarak ve elde..."

Türkiye'de geçen bu iki gün ve iki gece, bizleri engellenemez kaderimize boyun eğmeye ve egemen bir iradeye, çok da fazla soru sormadan uymaya hazır bir hale getirmişti. Ama yine de benim ruhumda Avrupalı bir soluk kalmış olacak ki, oradan geçen patrondan, ısrarla bir kova su isteyebildim. Türkiye'nin bir hanında bir kova su isteyebilmek! Bastıra bastıra bir kova su istediğimi söylediğimde karşılaştığım alaylı göz kırpma, Fransa'daki bir otelde yüzme havuzu olup olmadığını soran bir yolcuya dahi yapılmazdı!...

Yerde, zeminin üzerinde yatmış olarak, tahtakuruları tarafından ısırıldığımız ve ağır bir tehdidin hemen kapının ardında olduğunu bildiğimiz geceler de dahil, her şey geçiyor...

Uyanınca her şey çabucak unutuluyor... İşte kuru bir sel yatağının iki yamacına kurulmuş Kastamonu'dayız: İnsanlar eski köprünün üzerinden, eşeklerinin sırtında geçiyorlar; yıkık dökük minareler ve insanlardan kaçan, saklanan kadınlar; evlerin kirli gül kurusu rengi; adeta yosun tutmuş, çıplak duvarlar; ama iç bayıltıcı bir ışımayla parlayan ve içimize yaşama sevinci dolduran bir güneş!

Ellerimiz cebimizde, burnumuz kızgın havayı hayranlıkla koklarken gördüklerimizden dolayı esrik, çevremizi keşfediyoruz. Cebet'in söylediklerine tamamen katılıyorduk: Kastamonu'ya altı ya da yedi yüzyıl önce gelen bir yolcu, herhalde yine aynı manzarayla karşılaşırdı!... Herhalde çarşının insanların kaynaştıkları daracık sokaklarından dağ gibi yığılmış karpuz sergilerine, eşek sırtındaki gezginci kasabın üzerine sinek sürüleri inip kalkan etlerine kadar, her şey aynıydı... Dükkânların eşiklerinde aynı ifadesiz suratlarla dikilen ve geçip giden günlerin farkında bile olmayan ihtiyarlar vardı. Camiide aynı serinlik hüküm sürüyor, şadırvanda aynı şekilde abdest alınıyordu ve havada hep aynı gül kurusuyla karışık hayvan leşi kokusu vardı. Güneş kendisini hep aynı şekilde hissettiriyordu...

Birkaç saat sonra, bol bol yediğimiz, oldukça temiz ve az tuzlu patlıcan dolmaları, koyun beyinleri ve domatesli pilavla tıka basa doymuş bir halde, yeniden külüstür aracımıza binmiştik.

Belki de bilinçaltımızdan gelen bir dürtüyle bu yüzyıllarca geriye gitmiş olma duygusuna isyan etme isteğiyle doluyduk. Farkına bile varmadan, günün moda şarkılarını hep bir ağızdan önce mırıldanmaya, sonra da söylemeye koyulduk. Daha önce hiç yapmadığımız şeyleri yapıyor ve o aptal nakaratları bağıra çağıra yineliyorduk; sesimiz bizi çevreleyen soylu atmosfere yayılıyor, dağılıp gidiyordu. Aralıksız konup kalkan karasinekler bile yol keyfimizi bozamıyorlardı.

Aracımız sürekli yol alıyordu.

Her an gördüğümüz birbirinden değişik manzaralar hepimizi alabildiğine heyecanlandırıyordu. Görüntüler başka görüntüleri izliyor, toprağın uçuk mavi rengi kirli griye dönüşüyor, ormanlar üzerimizi reçine kokulu bir güneş siperliği gibi örtüyordu; uzaklardaki yüce dağ kütleleri, sonsuzluk duygusunu gıdıklıyor ve yol aldığımız hissini törpülüyordu. Giderek daha az duyarlı bir hale geldiğimizi fark ediyorduk. Artık yoldaki engebeler ve kızgın rüzgar bizleri şaşırtmıyor, bir gün önceki gibi tepkilere yol açmıyordu. Farkına varmaksızın, Cebet'i taklit etmeye, onun gibi davranmaya başlamıştık. Serdier, hiç öngörülmedik bir biçimde Cebet'in davranışlarıyla özdeşleşmeye koyulmuş, tıpkı onun gibi omuz silkerek, "ne bileyim ben!" demeye başlamıştı. Sourine de, dağlara yaklaşmaya başladığımızda birisi ona bir şey sorduğunda, gözleri yarı kapalı, yarı kısık, tekdüze ve bıkkın bir sesle, "those mountains, those mountains…" diye mırıldanmaya koyuluyordu.

Ne var ki yolculuğumuz, tıpkı bir önceki gün gibi, belalı bir şekilde sürüp gidiyordu. Karanlık bastığında hâlâ tepelerin dorukları ile sel yataklarının çanakları arasında bir inip bir çıkarak yol alıyorduk. Farlarımız bir yanıp bir sönüyor, aracımız hepimize işkence gibi gelen bir şekilde, adeta bir ip cambazı gibi yol alıyordu. Karanlıkla beraber ısı düşmüştü ve hepimiz üşüyorduk. Şoförümüz bizim gösterdiğimiz tepkilerden dolayı gergin, aracı aşırı bir dikkatle kullanıyordu; ama bu belki de hiç yapmaması gereken bir şeydi. Çünkü iki kez tereddüde düştü ve virajları almakta geç kaldı. Nasıl oldu da devrilmedik, bir Allah bilir, bir de şeytan!...

Biraz sonra yaşlı ve yorgun aracımız, yolun yanımızdaki araziden yaklaşık üç metre kadar yüksek olduğu bir kesiminde, sanki soluğu kesilmiş gibi kalakaldı. Haydi bakalım! Bu kez de ne oldu?! Şoförümüz aracın altına girdi ve az sonra da umut kırıcı bir sesle uflayıp puflamaya koyuldu. Yeniden belirdiğinde kan kırmızı gözlerini, adeta bir kelebek gibi kırpıştırıyordu.

- Motor yayı kırılmış ve yedeği de yok! Geceyi burada geçirmek zorundayız...

Bir sigara yaktı ve homurdanarak dolaşmaya koyuldu.

Benden başka herkes, tamirci olarak hünerlerini ortaya koyabilmek için şansını denedi ve yaralı aracımızın isyankâr karnının, orasını burasını mıncıkladılar; ama yapılabilecek hiçbir şey yoktu. Karşımızda, yanımızdaki yarın öbür tarafında, gökyüzüne yaslanmış bir rüzgarkıran gibi dikilen yamacın üzerinde bir dağ sırası yükseliyor, bunun üzerinde de kimi zaman, ağır ağır, deve adımlarıyla yol alan bir kervan görür gibi oluyorduk. Bunlar acaba kendilerine av arayan haydutlar mı, yoksa bizler gibi basit ve kendi halinde yolcular mıydı? Bu terk edilmiş cehennemde hiçbir şey, insanın kanını, uzaktan görünen insan siluetleri kadar donduramazdı.

Soğukta bir saat kadar titremeden, başarısız çabadan, yeniden denemeden sonra nihayet o koskocaman yayın iki ucu, kalın bir iple birbirine tutturulabildi ve araç yeniden yola koyuldu. Daha mı iyi oldu, yoksa daha mı kötü? Bu noktadan ayrılıp tüm sakıncaları göze almaya değer miydi? O noktadan altmış kilometre ötedeki Çankırı Kervansarayı'na ulaştığımızda saat yaklaşık sabahın üçü olmuştu. Kervansaray öylesine tıklım tıklım doluydu ki insanlar avludaki araçlarının içinde, sarmaş dolaş, uyuyordu.

Döne döne çıkmak zorunda olduğumuz merdivenin boşluğuna, iğrenç bir ayak kokusu, tarifi imkânsız ölçüde ağır bir ter ve ten kokusu sinmişti; kendi terlerinde boğulmuş insanlardan fışkıran bu dayanılmaz koku, bir yumruk gibi çarpıyordu. Girdiğimiz oda yeterince geniş ve yüksek tavanlıydı. Uzun tartışmalardan sonra ve kesenin ağzını açınca, orada uyumakta olan on kadar insan dışarıya çıkartıldılar.

- Amma da şanslıyız" diye mırıldanıyordu Cebet, ellerini oğuşturarak; "nihayet uyuyabileceğiz!"

İçerisi çok sıcaktı, o dayanılmaz iğrençlikteki koku boğazımıza bir yumruk gibi dayanıyordu. Gevşeyen kaslarımız, gri alçıdan bir tavanın altındaki ot şiltelere adeta turşu gibi serilivermişti. Tahtakuruları, yatakları bizlere bırakmak için kalkanların ılıklığında, koşuşturup duruyordu. Ce-bet'in hakkı vardı: Çok şanslıydık! Uyku ... Tanrım, nihayet uyuyabilecektik!...

Tam çantalarımızı bir kenara koyup paltolarımızı çıkartmıştık ki, biraz önce bize Kervansaray'ın ana kapısını açmamak için epeyce direnmiş olan çocuk, ürkmüş bir ifadeyle odamıza girdi. Arkasında ufak tefek, adeta bir büyücüye benzeyen bir ihtiyar vardı.

İhtiyar adam, başını eğerek ve sallayarak mırıldandı:

- Şanslıymışsınız! Hem de çok şanslıymışsınız! (Vay canına! Bu da!)

Ağzından çıkan kelimeleri tartarak sürdürdü konuşmasını: "Sizi bekleyen haydutlar ('çünkü, gayet doğal olarak, bu haydutlara sizin geçeceğiniz haber verilmişti') sizin yerinize, sizden önce gelen arabaya hücum etmiş. Bu araba dün gece burada konaklamıştı. Bugün sabah, hava biraz ısınır ısınmaz, hemen yola çıktılar ve hava kararır kararmaz saldırıya uğramışlar. Sadece bir kişi kurtulabilmiş. O da burada. Uyandırmamı ister misiniz? Haydutlar yirmi beş kişiymiş. Hepsi de atlıymış ve birer de tüfekleri varmış. Her zaman yaptıkları gibi yapmışlar: Bir at arabasını yola devirmişler ve arkasına saklanmışlar. Tüfekleri doğrultunca da... Hiç de zor değil! Adamcağız kendisinden başka herkesin öldürüldüğünü sanıyor. Yolu kestikleri yerden pek de uzak olmayan bir dere yatağına götürmüşler bunları; kafalarını kesmek için. Bu da o sırada kaçabilmiş. Bir tek donu vardı geldiğinde; ona bir elbise bulup verdik..."

Olup bitenler gözlerimizin önünde canlanıyordu; tüm konuşmaları işitir gibiydik. Biz de giderek "çok şanslı olduğumuza" inanıyorduk; gerçekten de şimdi, beş dakika önce sandığımızdan çok daha şanslı olduğumuza inanmaya başlamıştık. Acaba ölümden kurtulmuş olan adamı uyandırıp sorgulamalı mıydık? Hayır, şimdi uyumak gerekiyordu; uyku tam öncelikliydi... Yarın yapılacak bir sürü iş vardı!...

Bu saatten sonra yıkanmaya, temizlenmeye gitmek delilikti! Susamışken su içmeye gitmek, acıkınca da yemek yemeye gitmek, delilikten başka bir şey değildi... Kararlı haydutlardan boğazını kurtarabilmek...

Sıcak saman şiltemin üzerine uzandığımda sanki uzaktan sesler geliyor gibiydi... Uzaktan, çok uzaktan geliyordu rahibin sesi:"Kendini beğenmişlik boştur; boştur bu ve rüzgar, bütün izleri siler..."

- Bir dilim karpuz ister misiniz madam?...
- Hayır, hayır, teşekkür ederim...
- Sayın belediye başkanı, madama bu mükemmel rakıdan biraz veriniz!
- Ama, sayın jandarma komutanı, lütfen...

Gecenin karanlığı çöküyordu. Daha az önce gül rengi tonlarda olan gök, şimdi tepelerin ardından gelen kara bulutlarla örtünüyor, bazalt kayalarından yontulmuş izlenimi veriyordu. Derenin suyu hemen yanımızda bir birikintiye akıyor ve giderek kabaran, yosun rengi köpükler oluşturuyordu.

Konuklarımız olmasaydı, ağaçların altındaki serin gölgede ne mükemmel bir dinlenme olabilirdi!...

Ama, konuklarımız vardı.

- Bay Sourine pek rahat değil galiba. Hay Allah, minder yok! Bu nasıl iş?! Çabuk, çabuk, Bay Sourine'e minder getirin, başının altına koyun! Başka bir halı daha... Bu halı da neyin nesi? Ama ne kadar da güzel bir halı! Haydi, haydi yavrum, bay Sourine için!... Kim, ne, nerede?... Tamam, anlaşıldı...
- Aman tanrım, neler görüyorum? Bay Serdier sigarasız!... Kusura bakmayın sayın Serdier, aziz ve sevgili bay Serdier!
- Kusura bakmayın ama sayın savcı, bir tane tüttüreceğim!...
- Sevgili madam, öyle sanıyorum ki bu küçük derede balık vardır! Hey, Ali, git ve hemen tüfeğini kap gel! Koş, koş, çabuk ol! Hemen gel ve bir balık vurup madama armağan et!.. Bir balık, on balık, kaç tane isterse!
- Hale bakın, Cebet bey esniyor! Muhakkak karnınız acıkmıştır? Biraz daha sabredin lütfen Cebet bey, benim aziz ve sevgili dostum Cebet bey, son bir dakika daha lütfen ve küçük akşam yemeğimiz hazır olacak! Saygıdeğer ve sevgili konuklarımız, bir kez daha yinelememe izin veriniz; hoşgörünüze sığınıyoruz! Bizim buralarda böyle davetler verebilmek için yeterli imkânımız yok; Çankırı'nın eti ne, budu ne?!..

Savcı bey, samimiyet ve saygı gösterisi olarak küçücük ve şişko gövdesi iki büklüm, ellerini göbeğinin üzerinde kavuşturdu; amber tespihinin tanelerini elden geçirerek ve terden jelatinliymiş izlenimini veren suratını sonuna kadar geren iğrenç bir sırıtışla baktı...

Sayın savcı, nasıl da bir alçakgönüllülük bu?! Jandarma komutanı hafifçe omuz silkerek ve bizlere göz kırparak izliyordu onu: Her şey kolayca anlaşılabiliyordu. Hay, şeytan götürsün! Bunlar Çankırı'nın saygın eşrafı, ha?!... SAVCI BEYE bakın hele! Üzerinde bir buldog suratıyla, tam bir pis göbek! Ya BELEDİYE BAŞKANINA ne demeli? Ayna gibi cilalanmış pabuçlar, jilet gibi ütülü bir pantolon ve altın kol düğmeleri... Jandarma komutanı ise, mükemmel bir TÜRK ZABİTİ!

Hizmet edenler, çayırın yemyeşil otlarının üzerindeki büyük taban halısının üstüne bir çok küçük halı, dirsek dayamak için yastıklar ve minderler, dört tane alev alev şamdan, küçük küçük çiçekli ağaç dalları getirip yerleştirdiler. Tabak yoktu: Ali'nin getirip ortaya koyduğu olağanüstü büyük pilav tepsisinden, Türk usulüyle herkes birlikte yiyecekti. Yoğun bir kızarmış et ve kuyruk yağı kokusu saçan koyun bu tepsinin üzerinde parçalanacak, nefis baharatlarla tatlandırılmış yemek kaşıklarla mideye indirilecek, üstüne de sepetler dolusu üzüm ve incir, bol bol kavun ve karpuz yenecekti.

Yarı alaturka, yarı alafranga bir dizi selamlama ve aşırı nezaket gösterisinden sonra nihayet yerlerimizi alabildik. Arkamızda kalan gölgeler iyiden iyiye karardı: Tepelerden süzülüp gelen karanlık çevremizi sarıp sarmaladı ve konuklarımızla birlikte, tuhaf bir samimiyet çemberi içersinde, biraz da bunaltıcı bir ortama sürüklendik...

Ağızlar şapırtılarla açılıp kapanır ve bardaklar birbirine tokuşturulurken şamdanlardan yayılan ışıklar etlerden süzülen yağlarda ışıltıyla yansıyor, koyunun kızarmış gövdesi ise üzerinde açılan yeni yaralarla gitgide ufalıyordu. Gece üzerimizde yoğunlaşıp başımızın üzerine koyu mu koyu lacivert bir kadife gibi çökerken savcı beyin suratı fırında pişmiş bir patlıcana, jandarma komutanınınki aşırı olgun, hatta çürümeye başlamış bir armuda dönüşmeye başladı. Vali beyin ince hatları büsbütün inceldi, adeta bir limondan çakıyla kesilmiş zarif bir dilime benzemeye başladı. Tüccardan Fethi Bey'in gözleri yuvalarından uğradı, pantolonunu buruşturmadan kaşığına pilav almaya uğraşan sayın Belediye Başkanı'nın boynu ise tuhaf bir şekil alarak uzadı.

- İstirham ederim, biraz daha alınız Mösyö Serdier! Mösyö Pierre, çok sevgili Mösyö Pierre, biraz daha et almaz mısınız?

Hangimiz bu aşırı samimiyetten yararlanarak bu yavan söyleşiyi bizi ilgilendiren tek konuya, seyahatimizin nasıl devam edebileceğine getirecektik acaba? Ah! Onları büsbütün dokunaklı kılan gölgeler altında Sourine'nin, Serdier'in, Pierre'in gözleri ve elbette pek muhtemelen benim gözlerim, bu cüzamlı Çankırı'da bir gün daha geçirmek zorunda kalıp kalmayacağımızı, alınan son haberlere göre doğrudan bizimle ilgilendikleri anlaşılan haydutların bu son saldırıları nedeniyle yetkililerin bizleri bırakmak isteyip istemeyeceklerini sorguluyordu. Yoksa, bir gün daha, güneşten yanıp kavrulan ve iç bulandıran kokular saçan bu sokaklarda amaçsız bir şekilde sürüklenecek miydik?

- Sayın Vali, sizce yarın Ankara'dan bir yanıt almak mümkün olabilir mi?
- Hımmm, yarın!... Yarın!... Bakalım...
- Eğer bir yanıt gelmezse, bence, yani ne yapalım... Biz de basar gideriz!
- E, yani sevgili Mösyö Serdier, aziz dostum benim; demek hiç nargile içmediniz, öyle mi? Bu olacak iş değil! Sevgili Mösyö Serdier, bunu mutlaka denemelisiniz! Ali, nargileler nerede kaldı? Yarın gitmek mi?!... Hımm, hımm.... Bizim üzerimize binen sorumluluğu düşünebiliyor musunuz? Eğer Ankara yol boyunu haydutlardan temizlemezse, biz burada hiçbir şey yapamayız: Mutlaka bir saldırıya uğrarsınız. Haydutlar, şu andan itibaren tekrar saldırabileceklerini gayet iyi biliyorlar. Yani, itiraf etmek gerekir ki haydutluk tüm Anadolu'da, akıl almaz biçimde örgütlenmiş durumda. Daha sizin yola çıktığınız an, habercileri haydutları bilgilendireceklerdir... Sadece bir tek yol var; yani kurtulmanız imkânsız!

Savcı beyin güleç yüzünde, soğuk bir gülümseme, dondu kaldı; Vali bey ise adeta bir başvezir tutumuyla, buz gibi gerildi. Haydutlukla ilgili her söz, Belediye Başkanı'nı gözle görülür biçimde geriyordu: Binbir şaklabanlıktan sonra redingotunun yan ceplerinin her birinden birer şişe "çalı dibi" marka rakı çıkarttı ve tıpalarını açtı.

- Devrim esnasında alkol satışını yasakladık. İşte Millet Meclisi'nin bilgeliği, zekası: Sevgili konuklarım, korkunçtu, alkol Türkiye'nin başındaki felaketlerden biridir.

... ve bu felaket, bardaklara bolca dolduruldu, şişeler şişelere eklendi, anason kokusu pişmiş koyun eti kokusuna karıştı ve -oradakileri gergin bir yatağan çeliği gibi dikkatle izleyen jandarma komutanının bakışları altında- iki ayağını dereye sallandıran tüccar Fethi Bey, incecik, zayıf kolunu uzatarak gürledi:

- Allahın belası İngiltere! Yunanlıların arkasında o var ve Türkiye asıl İngiltere'ye karşı mücadele veriyor. Bu savaş, kutsal bir savaştır, bu bir cihaddır! İyi işitiniz, Türkiye'de bu boyunduruğu kabul edecek bir tek kişi bile yoktur!

- Ve elbette siz de bu amaçla seferber oldunuz, değil mi?

- Ben, ben... Ben pek iyi bir örnek sayılmam, ben sakatım... Ama halkımız, kitlesel bir katılımla...

- Peki ama, ekselans Franklin-Bouillon da Çankırı'dan geçti, değil mi?

- Ah! Fransızlar, ah! Fransız edebiyatı! Ah! Fransız kadınları!

Savcı beyin kısa ceketinin düğmesinden yakaladığı ve sarsıp durduğu Cebet, bu haykırmaları pek yakından dinlemek durumunda kalmıştı; fırınlanmış patlıcanın salyalar akan ağzından bu karmakarışık söz sağanağı dökülüyor, bu sırada kaşları daha da çatılıyor ve suratı giderek daha da korkunç bir ifade alıyordu. Bir eliyle şeytan kovalar gibi hareketler yapıyor, öbür eliyle kürkünün yakasını mıncıklıyordu.

- Bir fincan kahve alır mısınız hanımefendi?

Şamdanlardan ikisi birbiri ardından sönmüştü; altında oturduğumuz okaliptüs, Kuran'da sözü geçen zakkum ağacı gibiydi: Sanki kökleri cehennemin dibindeydi ve dallarındaki meyveleri de, zebanilerin kafasına benziyordu...

Adeta bir kaplumbağanınkine benzeyen göz kapaklarını güçlükle açarak, orada bulunanları teker teker süzen Savcı'ya bakarken, nedense aklıma, yamyam krallarına sunmak üzere konuklarını kızartıp pişirmeden önce iyice yağlayan uşakların hikayesi geldi...

Ağaçlar hafif bir esintiyle kıpırdanıp duruyordu. Bir an önce bizi bu vahaya kadar getiren tuhaf tahtırevanlarımıza binerek uzaklaşmalıydık! Gelirken uzandığımız bu rahatsız ve sallantılı araçtaki bin bir renkli halıların üzerine yerleşmeli, göğüslerine kadar suya dalacak olan atlarımızı sürerek çakıllı dereden geçmeli, küçük şelaleden uzaklaşmalı ve buradan kaçmalı, kaçmalıydık!..

Gecenin içinde uzun ve tumturaklı bir beddua duyuldu. Bu, sanki bu sabah jandarmalar tarafından berbat bir hücreye kapatılan bir bahtsızın çığlığına benziyordu...

- Evet, her şey tamam mı? Sorun yok, değil mi? Hareket ediyor muyuz? Gerçek mi? Hareket ediyor muyuz? Aracımız küçük metalik gıcırtılar çıkartarak hareket etti ve böylelikle artık ölümün bile oturmadığı bir mezarlığa burun üstü gömülmüşe benzeyen bu küçük ve ürküntü veren kentten ayrıldık.

Berbat etkilerini artık hissetmeye başladığım malarya, beni, aracın içinde, tekerleklerin her devrinde bir sağa, bir sola, bir öne, bir arkaya, adeta bir kumaş kırpıntısı topu gibi savurup duruyordu. Ne önemi var?! Artık o kervansaray odasını dolduran iğrenç ahır, hayvan dışkısı ve leş akbabası kokusu içersinde uyumayacağız. Kamyonun motor yayı hâlâ iple bağlıydı ve her an yeniden koparak bizi bu Anadolu bozkırının ortasında, çaresiz bir halde bırakabilirdi. Böylelikle sabahın yükselen sıcağıyla baygın şafak ışığında uzaktan gelen ve kötü yağlanmış, kaba kanatlarını homurtuyla çarpan eşek arılarının gürültülerine benzeyen kamyon seslerini duymayabilirdik.

Şimdi gri bir çukurun dibindeki kurak topraklar üzerinde, çok kırıklı kayalık tepelerle çevrili Çankırı, gözlerimize olduğu gibi görünüyordu: Tozdan ve taştan yapılma bir ölüler evi; çoktan yanıp yıkılıp küllere dönüşmüş bir kent kadavrası; cerahat sızan toprakları yıkayan güneşin beyaz dilleriyle yalayıp kavurduğu bir Golgotha... Çevreye kızıl bir kılıf giydiren ve kafaları demirden bir başlık gibi sarmalayıp mengene gibi sıkan, acımasız bir kuzey rüzgârı...

Daha fazla güneş ve sıcak yiyebilir miydik, saman kokan kahveden içebilir miydik, tatlı diller dinleyip o bıçak gibi keskin bakışları izleyebilir miydik?! Artık tehlike kalmamıştı: Son askeri devriye de geri dönmüştü. Çankırı, sayın savcı, sayın vali ve sayın jandarma komutanı da artık çok uzaklarda kalmıştı...

Bir yanımızdan yüzümüze bir uçurumun karanlık soluğunu üfleyen, diğer yanımızdan ise tatlı bir eğimle bir derenin yemyeşil ve düzgün vadisine doğru inen bir çizgide ilerliyorduk.

Şoför, eliyle ileriyi göstererek mırıldandı:
- İşte! Oradalar...

Hani bir fukaranın önüne bir sadaka atar gibi bir bakışla, yolun kenarında bekleşen yirmi beş kadar Kürt'e, öylesine bir bakarak geçtik. Eh, benim sevgili dostlarım, geniş Ankara yoluna çıktıktan sonra böyle tatlı

tatlı ilerlemek ne kadar da hoş oluyormuş!.. Ama unutmayalım ki ufuktan itibaren sonsuzluğa kadar uzanan gökyüzüne dek yayılan bu killi toprakları hiç göremeyebilirdik!..

Ne var ki yakıcı güneş, doğu kaderciliği ve malarya, avlarını ele geçirmişti: Serdier mırıldanarak şarkı söylüyordu: "Bu benim adamım! Ah, benim adamım!..." Cebet de uyuklamayı sürdürüyordu.

Ve, yüksek vadilerden sonra ovalara indik. Çöl gibi, uçsuz bucaksız bir düzlük. Çok uzun mesafelerden sonra, adeta geometrici bir tanrının titizliğiyle yerleştirilmiş yeşillik adaları: Kalker sonsuzlukların aralarında görülen kuru ya da yaş ama daima yeşil dere yatakları. Kaya kütleleri, devasa lav akıntıları; yüksek yamaçların tepesinden ovaya sanki alıcı bir kuş gibi atılacakmış duygusu veren kirli gri köyler; sonsuz arazinin üzerine sanki birer yeşil kumaş parçası atılmış izlenimini veren küçük korular, içine dalarken altın renkli vitraylardan sızan güneş ışıklarıyla aydınlatılmış katedraller hissini veren ormanlar...

Başkaca da kayda değer bir olay olmadan gelip geçen saatler boyu yol aldık. Yalnız bir kez, bizim aracın geçişinden ürkerek şaha kalkan ve üzerindeki biniciyi sırtından atan bir at, önümüz sıra, kilometrelerce, durmasını sağlayacak bir sığınak bulamaksızın, sanki biz onu takip ediyormuşuz gibi koştu durdu. Epey ileride, yol dediğimiz tekerlek izlerinin de iyiden iyiye silikleştiği tebeşir beyazı düzlükte konaklamış bir konvoy gördük: Köşelerinden yükseltilmiş halıların altından, olağanüstü güzel ceylan, belki de kadın gözleri fark ediliyordu. Biraz daha uzakta, uçsuz bucaksız bir vadinin iki yamacının arasında, vampir yüzyılların kana kana içip tükettikleri bir akarsuyun yararak açığa çıkarttığı katmanlar görülüyordu.

Daha sonra hiçbir şey yoktu, ama hiçbir şey...

Işığın vahşetinden başka hiçbir şey yoktu. Gözlerimizin önünde açılmış olan arazi parçasını sarıp sarmalayan ve kuşatan, yoktan vareden sonsuz bir soluktan başka hiçbir şey... Yeryüzünün alacalı bulacalı kabuğundan ve onun üzerindeki damarlardan, irili ufaklı mavi-gri deliklerden, kanı kurumuş yara kabuklarından başka hiç mi hiçbir şey... Bu dünya, sanki görünmez bir parmağın dürtmesiyle döner gibiydi. Türkuaz mavisi gökyüzünü amansız bir öfkeyle karartıp lâl rengi tohumlarla birlikte yeryüzünün üzerine serer gibi batan ve sanki sayısız minik bayrağı çılgınlar gibi sallayan güneşten başka hiç ama hiçbir şey yoktu... Bekaret simgesi bir beyazlığa bürünmüş kaymaktaşı yamaçlarda kendiliğinden bitmiş sarmaşık ve yaban gülleriyle bezenmiş derin ve korkutucu boğazlardan başka hiçbir şey...

    Günü kutsayarak uğurlayan bu töreni tam olarak göremesem de, iliklerimde ve hücrelerimde hissediyordum. Sürekli olarak gözümün önünde canlanan ise, -nasıl söylemeli, kime anlatabilirim?- altın rengi madeni kenetlerle tertemiz bir duvara tutturulmuş, bembeyaz, emaye bir banyo küvetiydi. Yolun karanlıkta artık iyice kararmış görüntüsünü keserek beliren bir banyo küveti... Yumuşacık ve kalın, yağlı bir mantar renginde, beyazımsı, koskocaman bir havlu ve ben elimi ona doğru uzatıyorum. Boynuma yumuşacık dolanan gecenin karanlık serinliği değil, ıslak sabunun insan teninde bıraktığı kremsi ve saten dokunuşu hissiydi. Duyduğum yuvasına dönmekte gecikmiş kuşların çığlıkları değil, özgürlüğe kavuşmuş suların, canlı ve insanın içini kıpır kıpır eden şarkılarıydı...

Erkenden yola çıktık. Aracımız bizi kahvaltı zamanı buradan alacak, daha sonra da kente on iki kilometre uzaklıkta, açık arazinin ortasında bulunan ve Rus Elçiliği olarak kullanılan villaya bırakacaktı.

İnebolu, Kastamonu, Çankırı, bugün de Ankara!

İşte biz, ayrılmaz beşli, bir kez daha birlikte ve aynı güneşin altındayız; ama gözlerimiz ışıl ışıl, tüm yorgunluğumuzu atmış gibi kalbimiz kıpır kıpır: Şu insanoğlunun unutma yeteneği nasıl da eşsiz!..

- Hey, araç bizi pekala Ankara'da da bırakabilirdi! Bu kuş uçmaz, kervan geçmez yerde ne işimiz var?

- İyi de, burası Ankara!

- Ne? Nasıl yani?

- Şaka değil, gerçek, diye mırıldandı Serdier, alaycı bir sesle.

Gözler Cebet'e çevrildi: O ise, kolları göğsünde kavuşmuş, sakin bir halde, kıvır kıvır siyah saçlarla kaplı kafasını sallayarak onayladı.

Gerçekten de Ankara burası mıydı? Bu tuhaf, yoğun taş yığınları, bu çıplak arazi, bu bomboş grilik, bu hüzün müydü? Sağda, solda görülen bu ha yıkıldı ha yıkılacak harabelerin arasından uzanan, ortası tümsek geçit, yol muydu, sokak mıydı? Yani yeni başkentin insanları, geniş kuşaklarını kemer gibi bağlamış, kocaman cepli şalvarlar giyen bu köylüler miydi? Bu kentin dükkânları, bu girişleri mağaraya benzeyen izbe delikler miydi?

Eh madem ki Ankara burası, biz de Ankara'ya bakalım ve görelim!...

Cebet, ileriye doğru uzattığı koluyla, büyük bir binayı gösterdi:

- İşte Büyük Millet Meclisi, ülkenin yeni parlamentosu; şimdilerde tüm dünyanın gözleri oraya çevrili: Bütün Türkiye'yi yeniden ayağa kaldırıp canlandıracak olan rüzgar, oradan esiyor. Hani neredeyse bir sahil kasabasındaki "efsanevi" bir kumarhaneye benziyor. Özenle yontulmuş kesme taştan gülbezeklerle, deniz kabuklarını andıran kabartmalarla ve ucuz yalancı mermerlerle süslenmiş bir bina; bahçe gibi bir avlu... İçeriye bakın, -Serdier, şuraya bakın!-, burası nasıl da Fransa taşrasındaki bir okula benziyor! Soğan katmanları gibi dizilmiş sıralar, uslu ve terbiyeli öğrenciler için sınıflar, bence gayet temiz, iyice yıkanıp silinmiş bir döşeme... Hiç kuşkusuz içeriye tebeşir, silgi süngeri ve öğrenci yakalarının kola kokusu sinmiştir...

Bazı milletvekilleri, iki ayrı grup halinde, binadan dışarı çıkıyordu. En sağdaki, bir diğerine kendi tarzına göre bir selam verdi - sağ elini önce alnına, sonra dudaklarına, sonra da göğsüne, kalbinin üzerine götürdü- ; sarıklı bir hocanın yanında yürüyen beriki ise bizleri olağanüstü bir dikkatle süzerek kuşkulu ve dikkatli bir bakış fırlattı.

Cebet, dişlerinin arasından mırıldanarak fısıldadı:
- Beş dakikaya kalmaz, bizleri izlemeye başlarlar!...

Daha son sözcükler ağzımdan yeni dökülmüştü ki sanki şapkadan çıkmış gibi arkamızda beliriveren, etli dudaklarından salyaları akan iri yarı bir koca oğlan, adeta topuklarımıza yapışır gibi manzarayı seyretmeye başladı.

Bu sırada saygıdeğer milletvekilleri de Büyük Lokanta'ya doluştular. (Bu milletvekilleri lokantasının hiçbir güzelliği yoktu: Zemin sıkıştırılmış topraktı; beyaza boyanmış tahta masalar ve hasır tabureler ve tek süs olarak da Mustafa Kemal'in renkli bir portresi vardı!)

Hele, hele!... Bizim salyalı tosun da, kartal yuvasına benzeyen bu taş karmaşası kentin görüntüsünü doyasıya seyrediyordu. Antik Ankyra Kenti'ni çevreleyen bu kıraç sonsuzlukların ve kırların, güneşin yakıp kavurarak çıplaklaştırdığı ve sanki bir kış manzarası görüntüsüne büründürdüğü bu kireç taşından denizin, hiçbir güzelliği yoktu. Bu nasıl da düşmanca bir hüzündü! Gecenin indirdiklerinden başka hiçbir gölge görmemiş olan bu tepelerdeki, nasıl bir umutsuzluktu! Hangi tarafa bakılırsa bakılsın, hep güneşin şaşırtıcı yolculuğunun eseri olarak gecenin izlerini taşıyan ve manzaraları biçimlendiren gölgeler görülüyordu: Bu kademeli olarak yükselen sırtlar, nasıl bir izlenim veriyordu? Şark mı? Ortaçağ mı?

Bizlere yaklaşıyorsun. Evet, kuşkusuz sen de bizler gibi, - batılı cüce- ayaklarımızın arasından kıvrıla kıvrıla giden bu oyuncak trenin üzerinde yol aldığı demiryolu ile yekpare ahşap tekerlekli, tarih öncesi zamanlarından kalmışa benzeyen ve kil çamurundan şekillendirilmiş mandaların çektiği kağnılar arasındaki inanılması güç çelişkiyi fark ediyorsundur!...

Sen de dükkanların o kendilerine özgü kokularını kokluyor, Tunus'taki kasaba çarşılarına benzeyen bu ana caddenin yarı çamur zeminini hemen arkamızdan, sen de bizler gibi adımlıyorsun... Ama hiç kuşkusuz senin gözünden kaçan, oysa bizim dikkatimizi çeken bir şey var: Bizler gazetelerden bu memlekette bir devrim olduğunu okumuştuk. Peki, ama nasıl oluyor da gözlerimizin önünde bunca sefalet ve yoksulluk varken, böylesine perişan bir gerilik gözlenirken, bu koskocaman açılmış gözlerde bu kadar az umut, evet, bu kadar az umut olabiliyor?...

Oradaki, kat kat örtüler altında kaybolmuş ve kendisinden daha ağır heybeler altında ezilmiş olan kadınların, Kuran'ın indiği zamandan günümüze kaldığını ve korkunç bir şekilde cahil oldukları düşünüyoruz. Olsa da Peygamber geri gelebilse, zenginlerden biraz alıp bu kireçtaşından oluşumların arasında son derece yavaş bir şekilde kımıldanan, hareket eden bu zavallılara verirdi; çünkü bunlar bugün hâlâ ve hep, köleler gibi yaşıyorlardı. Kureyşliler zamanında da mısır, tıpkı böyle, ilkel aletlerle ve ağır hareketlerle öğütülüyordu…

Yolun üzerinden şu tarafa doğru dönelim mi - Cebet?- Oradan daha iyi görebiliriz. Ya sen tombul tosun; aklımızdan geçenleri bilebilseydin, yanımızdan hemencecik ayrılır ve hemen koşturup efendilerine rapor ederdin. Onlara şunu söylesen yeter: "Burada ne değişti ki?"

... Şu sırada gece Avrupa'nın üzerine de iniyor! Oradaki geceler buradakilerden ne kadar da farklı! Evet, orada uyku uyunur, ama insanlar ertesi sabah kalktıklarında sıcak sütlü kahvelerine kavuşacaklarından ve günlük gazetelerini paspasın üzerinde bulacaklarından son derece emindir; bu arada bekçiler serçelerin uçuştukları meydanlardaki sokak lambalarının etrafında tur atmaktadır...

Burada ise uyku uyunmaz. Boğucu gece uzadıkça uzar; olağanüstü güzel bir lacivert karanlık, dört bir yanda uzayıp giden mırıltıları, söylentileri, dedikodu gelgitlerini sarıp sarmalar ve bunların hissedilen titreşimleri, tüm vücudunuzu etkiler. İşte o zaman gece, görkeminin doruğuna ulaşmıştır. Önümüzdeki villanın, henüz pek de uzak olmayan bir geçmişte yaşanan bir yangından bu yana büyükelçi Atarof [*Aralof, ç.n.*], ailesi ve tüm Sovyet diplomasisi için mekân olarak kullanıldığını -ve bu nedenle de yetersiz kaldığını- birdenbire hatırlamayabilirdiniz.

Bu ay ışığına bulaşmış gibi duran sedefsi villa, daha kısa bir süre öncesine kadar bir paşanın haremiymiş; bu akşam bana sanki ilk kez kullanılıyormuş gibi geldi; havuzun fıskiyesinin adeta ağlar gibi yumuşacık akışı, sanki insanların vücutlarını bu sıvı serinliğe davet eder gibiydi. Yol arkadaşlarım, üzerlerinde sadece birer gömlekle, tüm çevreye hakim olan terasın beyaz taşlarına uzanmışlardı; görüntüleri, bu beyazlıkla bütünleşmiş gibiydi.

Sanki hiçbirimiz yıldızların çokluğunun farkında değilmiş, burçların görünürlüğünü algılayamamış gibi sessiz, susuyorduk. Gökyüzü, sanki gerçek bir tiyatro sahnesinin tavanı gibi sırça pullarını görünmez bir yokuşa saçar gibi üzerimizi örtüyordu. Bu altınsı yaprakların alabildiğine sessiz ve sakin bir dansı, safir rengi bir uçurumu kucaklayan uçsuz bucaksız ve sapsarı bir çalkalanmaydı...

Niçin gidip yataklarımıza uzanıp pirelere ve tahtakurularına teslim olmalı; kaygı verici karanlıkta ateşler içinde kıvranmalıydık? Onun yerine önümüzde uzanan umutsuz manzarayı yırtıp açacak olan günü beklemek ve sabahın yoğun neminde, oraya, arazinin boşluğuna serpişmiş beş altı tane villayı seyretmek, doğan güneşin gözlerimizi kör eden ışıltısıyla aydınlanmak daha iç açıcı değil miydi?

Elbette, burada, sanki Rusya'dan bir köşe bulmuş gibiydik: Kaynar çayın buharında ve sigara izmaritlerinin dumanlarında sürüp giden bitmek tükenmek bilmez konuşmalar, şaşırtıcı kibarlık gösterileri, tutkuyla savunulan fikirler, gecenin içinde yankılanan şarkılar... Ama bütün bunlar bizlere burada, Türkiye'de bulunduğumuzu unutturamıyordu. Yemek bittikten sonra pencereye yaklaşıldığında, o bozkırın büyüleyici yoksulu oradaydı: Dalgalı, alabildiğine çorak ve buruş buruş derisiyle, unutmabeni çiçeklerinden belli belirsiz bir tülün ardında, cüzamlı ve gümüşsü griliğini sarmalayan göksel bir mücevher kutusunun içersinde, peçelerinin ve örtülerinin ardında gizlenmiş, öylesine katı ve öylesine yalancı, kendisini hâlâ alımlı bir kadın zanneden yaşlı bir fahişe gibiydi...

Unutalım, tüm bunları unutalım, evet!.. Sanki gece az önce olduğundan daha güzel gibi görünüyor. Villanın önünde yükselen üç sedir ağacından sanki bir amber ve ezilmiş tohum kokusu yükseliyor; düzenli akan bir suyun sesi ve çok uzaklardan geçen kervanlardan gelen çan sesleri duyuluyor...

Dinlenelim arkadaşlarım, bu sonsuz ve sessiz ölüm uykusunda dinlenelim. Yarın, yeniden varolmak için yeterince zamanımız olacak!

Evin görünürdeki tek lüksü, küçük üzüm bağının ortasına, villaya iki yüz metre kadar uzağa yapılmış, duvarsız ve sekizgen bir çardaktı; orada sabahın serinliği ve gölgesi vardı. Pierre, Serdier ve ben, orada bir şeyler okuyorduk ki birdenbire bir tüfek patladı ve bir mermi havayı sanki bir kamçıyla yararak aramızdan geçti. Sanırım birimize sadece yirmi beş santim kadar uzağa saplandı.

Ellerimizdeki kitapları bırakarak hemencecik ayaklandık ve tozlu, cılız dalların perdelediği alçak duvara doğru seğirttik.

Bir gölge bile yoktu, patika bomboştu.

Silah sesi üzerine çalışma odasından çıkan Atarof, ayaklarının üzerinde yaylanarak ve çabuk bir yürüyüşle, yanımıza geldi.

- Size gün boyunca hiç dışarı çıkmamanızı, villada, içeride kalmanızı tavsiye ediyorum.

Hayır, bir tüfek atışı yüzünden o günün programından vazgeçemezdik... Ne var ki oradan oraya giderken bu atışın bize yöneltilmiş bir uyarı olduğunu da, hep göz önünde bulunduracaktık...

Bugün, F... Paşa'yı ziyarete gittik. Henüz pek genç olmakla birlikte, oldukça önemli bir adamdı ve ülke siyasetinde etkin bir rol oynuyordu. Ülkedeki tüm işçilerin ortak arzusu olan bir emekçiler kongresi toplamak için yardımlarını rica etmek istiyorduk.

Yolda kendi kendime, "Herhalde bir paşa, büyükçe bir sarayda oturuyordur! Demek ki şimdi de Ankara'nın henüz bilmediğimiz bir yanını keşfedeceğiz. Bunca çirkin ve iğrenç şeyden sonra, şimdi de oryantal lüksü tanıyacağız," diye söylenip duruyordum. Ne var ki bu sırada daracık ve mide bulandırıcı sokaklardan geçiyorduk: Bir saraya gitmek için, ne kadar da tuhaf ve yadırgatıcı bir yoldu bu! Bu arada birdenbire kılavuzumuz bizleri, dar bir geçidin en karanlık noktasındaki esrarengiz bir yıkıntıya soktu. Bu mola da neyin nesiydi acaba?

- Tamam. Geldik! A. F. Paşa burada.

Beklediğim "saray", biri daracık bir giriş, öbürü de daha aydınlık ve geniş bir salon olmak üzere bu iki odadan ibaretti. Duvara çivilenmiş bir halı, oradaki bir kapının görünmesini engelliyordu. Benzerlerine Paris'teki kapıcı dairelerinde sık sık rastlanan bir divan, besbelli ki Paşa'nın yatağıydı. Doğu işi küçük bir masa; eski püskü ve buruşuk birkaç giysi; çırılçıplak ve üzerinde hamamböcekleri dolaşan bir döşeme; işte bütün eşya buydu! Ama pencereden, eşsiz bir manzara görülebiliyordu! Mavi gri bir kaide üzerinde yükselen Ankara, yoksul ve barışçı görüntüsüyle, beyaz kireç taşı mekânlarıyla, antik tapınağın ve yaşlı caminin renkli görüntüleriyle ve güneşe başkaldıran mahalleleriyle, gökyüzüne doğru uzanan dev bir kütleyi andırıyordu...

Kapı görevi gören halıyı kaldırarak odaya giren iri yarı ve kırmızı yüzlü adam, parmağıyla kayaların üzerindeki siyah lekeleri işaret ederek konuştu:

- Bu gördükleriniz, o amansız yangından kalan izler...

Biz de bu yangından dolayı kaygılıydık. Acaba kongre için Paşanın katkı ve desteğine güvenebilir miydik?

Bir kahve tepsisi, gözlerimizin önünde dans ederek gezindi. Sigaralar birbiri ardından yakıldı ve Paşanın altın sarısı etli dudaklarından, birbirinden tatlı ve kibar sözler döküldü. Fransa'dan ve Rusya'dan, Avrupa edebiyatından, beni mutlaka tanıştırmak istedikleri büyük şair Halide Hanımdan[*] ve genel olarak hemen her konudan söz ettik...

---

[*] Halide Edip Adıvar

Ne var ki ev sahibimizi, ısrarlı bir şekilde, tekrar tekrar, ziyaretimizin sebebine yönlendirdik: Kongre, ille de kongre!...

- Tabii, elbette... Ama bunu anlamalısınız... Sizin çıkarlarınız açısından da söylemek mümkün değil... Bunun mümkün olabileceğini pek zannetmiyorum...

- Ama, demokratik bir ülkede değil miyiz? Toplantı özgürlüğü yok mu? Ya sizin devriminiz?...

- Ama, elbette... Tabii! Elbette toplantı özgürlüğü var, bu yadsınamaz!.. Ne var ki unutulmaması gereken başka şeyler de var. Kamuoyunun duyarlılıklarını da hesaba katmak zorundayız. Yani, bir kongre, yani bir işçi kongresi, bizim için sorun değil, ama halk... Yani halkın tepkisi ne olur?!..

İşte, yine kapının önüne konduk! Yeni Türkiye'de de... Cesur devlet baba ve duyarlı hükümet!... Sözünü ettiği kamuoyu da yorgun ve sıska eşeğini dürtükleyerek yol alan şu yaşlı ve şaşı adam ile birkaç adım gerisinden gelen bu bir sürü örtünün altında gizlenmiş kadınlar, trahomun kemirip tükettiği sapsarı suratlı çocuklar... Suratları yolun taşlarıyla aynı renk, sırtları forsaya çakılmış kölelerinki gibi iki büklüm insancıklar...

Cebet gün boyunca bizleri Türklerin evlerine konuk olarak götürdü: İlle de tuzu kuruların, ya da yeni rejime karşı olanların evlerine değil... Kafesli ve parmaklıklı pencereler, bahçelerde servi ağaçları, ağızları örme taş bilezikli kuyular, nargileler... Bu iç mekânlar, batılı okurların gözünde şiir ve ruh olarak canlanır... İşçilerin, köylülerin ve zanaatkarların evlerinin içlerini gördük. Bu çağda nasıl bir yaşam düzeyinde oldukları anlatılabilir ve hayal edilebilir gibi değil...

Babanın demiryolları işletmesinde çalıştığı bir ailenin evinde uzun süre oturduk. Bu, dışı güneşten kavrulmuş, içi de eski ve loş bir kulübeydi. Odanın iki duvarına iki tahta sedir, çivilerle çakılmıştı. Bunlar yatak olarak kullanılıyordu. Ne eşya, ne de masa ya da iskemle vardı. Odada sadece rengi uçmuş birkaç halı vardı; zaman bunların renklerini soldurmuş, geriye sadece atkılarıyla çözgüleri kalmıştı... Bir zamanlar kırmızı iken şimdi rengi solmuş iki toprak testi, büyük bakır bir tepsi, beş-altı tane madeni mutfak gereci, güneşe serilmiş iki koyun postu, kurumaları için asılmış birkaç pılı pırtı, on beş-yirmi tane kurumuş, tozlu mısır koçanı, bir incir ağacı, uyuz bir dişi eşek... İşte en küçük üç bebek hariç, tüm fertleri çalışan bir ailenin mal varlığı!...

Biz geldiğimizde sofradan yeni kalkıyorlardı; son birkaç karpuz dilimi halen ortalardaydı ve genç kızların en büyüğü, içinde pilav yapılmış olan tencereyi temizlemeye uğraşıyordu. Bu işi bitirince gelip annesinin yanına oturdu. Ortaya hemen beyaz yumaklar çıktı ve iki kız kardeşiyle birlikte çalışmaya koyuldular: Dördü de bir angora yün atölyesinde çalışıyorlardı. Bu yünlü üretimi sokaklarda da satılıyordu.

Anne güzel bir kadındı herhalde; hâlâ gençti ve koyu sarı renkli güzel gözleri ve fildişi beyazlığındaki elleri, çizgili çarşafının altından görünüyordu.

Bir, iki, üç... ve, etrafında dolanan tam altı çocuğu vardı! Ayrıca, ev dışında çalışan iki de oğlan çocuğu vardı. Böyle bir kadının yaşamında kişisel hiçbir şey yoktu ve olamazdı; bir çocuk ve ardından bir çocuk daha; bir bahtsızlık ve ardından bir bahtsızlık daha; bir yoksulluk ve sefalet günü ve ardından bir yoksulluk ve sefalet günü daha...

Cebet benim sorularımı tercüme ederken gözlerini yere eğiyor, sorumun çok özel ya da cevaplanması kolay olmayan türden olduğunu düşündüğünde ise ayaklarıyla eşinmeye başlıyor, böylelikle hiçbir şey söylemeksizin eşi bulunmaz bir çevirmenlik sergiliyordu. Ne var ki bu kara yazgılıların, kara bahtlarını -ya da yaşamlarının akışını- biraz olsun değiştirebilmenin nasıl mümkün olabileceği konusunda hiçbir fikirleri, dolayısıyla umutları yoktu. İletişim kuramadığım bu kız kardeşle karşılıklı bakışıyorduk ve ben ona bu mutsuzluğunun nedenlerini ve bunlardan çıkış yollarını anlatıp gösteremediğim için çok mutsuzdum. Zavallı kadın büyük kızını, en yakındaki varlıklı komşusuna, üç fincan kahve istemeye yollamıştı (kahve, işçi ailelerinin asla alışamayacakları kadar büyük bir lükstü!) ve ben, bu olağanüstü duyarlı misafirperverliği alabildiğine kötüye kullandığımızı düşünerek eziliyor, ama bu sessiz ve tutkulu iletişimi kopartacak bir girişimde bulunamayacak kadar da etkisinde bulunuyordum.

Birbirini izleyen düşünceler, sanki birbiri ardından, kafamın içindeki bir su birikintisine düşüyordu... Bu yaşadığımız günlerin amacı neydi ve bu topraklarda yaşayan bu kadınların nasıl bir yazgıları vardı?... Bu kalbi, dahası bu ruhu, hangi duygular nasıl besler, hangi güneş nasıl ısıtıp aydınlatabilirdi? Bu ülkeye gelip gidenlerin Türk kadınının "rüştünü ispatı" ve yeni adetler üzerine neler anlattıklarını anımsıyordum! Edebiyat, edebiyat! Bu zavallılar nerede, "rüştünü ispat" neredeydi?

Eh, artık akşam oluyordu ve ayrılmak gerekiyordu. İzin isteyerek ayağa kalktım. Kadın ve tüm ailesi de ayaklandılar ve bizi uğurlamak, yolcu etmek üzere kapının eşiğinde toplaştılar. Kadıncağız bitkin düşmüş gibiydi, başı yana eğilmişti: Yoksa tartışılmaz bir gerçeklik olarak algıladığı dünyasında bir çatlak mı oluşmuştu? Acaba bir sonraki ziyaretimde bu defa olduğundan daha olumlu bir şeyler elde edebilir miydim?

Yolun dönemecinden kıvrılmadan önce arkamdaki bu sefalet örgüsüne son bir bakış daha fırlattım: Toz toprak içindeki kulübelerden meydana gelen bu perişanlıktan geriye, gitgide kararan ve tümü de birbirine benzeyen bir görüntü kalmıştı. Hemen yandaki açık bir alanda, kızıl lacivert akşamın alacakaranlığı içinde, kimi zamana direnir gibi dimdik duran, ama çoğu bir yana devrilmiş, kiminin üzerinde sarık biçiminde yontulmuş bir uç bulunan mezar taşlarıyla, hüzünlü bir mezarlık vardı…

Yine allak bullak olmuştum.

Birkaç saat önce, Büyük Millet Meclisi üyesi olan - eski Suriye Valisi-T... Paşa'nın bir yemek davetine katılmış ve oradan dönmüştük.

Eski püskü bir arabanın içine tıklım tıklım doluşmuş, Ankara ile bu birkaç tane güzel konutun bulunduğu görece yeşil alanın arasında yer alan tebeşir taşlı bölgeden geçiyorduk.

Pierre ile gazeteci Ş... Bey'in aralarına sıkışmış, ikisinin karşılıklı olarak birbirlerine yaptıkları, sonuçsuz ve amaçsız nezaket gösterilerini izliyordum. Bu bembeyaz düzlüklerde güneşin ısısı, bir akordeon körüğünden üflenir gibi çıkıp bu yabansı dekoru titreştiriyor, giderek uzaklaştığımız yörenin görüntüsünü silikleştiriyordu.

T... Paşanın konutu, oldukça lüks ve zengin bir mekândı. Güzel halılarla süslenmiş aydınlık bir yemek odasından ve hemen önündeki geniş terastan, açık kırsal alan üzerinde alabildiğine geniş bir görüş vardı (titreşen atmosfer öylesine bir hareketlilik hissi yaratıyordu ki bir an için okyanusta yol alan büyük bir geminin kaptan köprüsünde bulunulduğu izlenimi oluşuyordu). Ev sahibi çok şık, şantung bir elbise giymişti. Evin hanımı ise başına siyah bir eşarp örtmüş, Berlin modasını izleyen çok şık bir elbise giymiş, kendisinden emin ve gururlu, parmağındaki -adeta küçük bir buz kalıbını andıran- çok iri bir tek taş pırlanta yüzükle oynuyordu. Bizim şerefimize şarkı söylemeleri için getirilmiş, Fransız stili giydirilmiş üç de çocuk vardı:

Küçücük bir tekneydi!
Küçücük bir tekneydi!

- Eee, Ankara'yı sevdiniz mi?

... Belki de yüz kez karşılaştığımız bu alışılagelmiş soru, beni yine de şaşırttı. Aklım hâlâ konuk olduğumuz mekândaydı: Uzun, keçi sakallı ve anlaşılmaz bir gülümsemeyle sırıtan "devlet şairinin" yanında oturuyor, bir yandan da ev sahibimiz olan Paşanın savaş sırasında İngilizlerin tutsağı olarak bulunduğu Malta adasındaki anılarını dinliyordum...

- Açık yüreklilikle söylemek gerekirse, diye mırıldanmıştım, Avrupalılar Ankara'dan hoşlandıklarını söyleseler bile burada kalmak istemezler.

Yeniden sessizlik. Arabamız gıcırdıyor, bir o yana bir bu yana sallanıyor, sarsılarak ilerliyordu ve ben zeytinyağlı "imam bayıldı"daki patlıcanları, domates dolmalarını, patlıcanlı pilavı, içine rakı şırınga edilmiş karpuzu, limon suyunda ezilmiş tahin helvasını, kısacası, tam anlamıyla "Türklere özgü" bir öğle yemeğindeki tüm sunumları, ayrıntılı biçimde anımsıyordum.

Ev sahibemiz, yemeğin nasıl hazırlandığını anlatmıştı: "Hikâyeye göre dillere destan cimriliğiyle ünlü imam, yediği patlıcan yemeğinin lezzetiyle mest olmuş ve nasıl yapıldığını öğrenmek istemiş. Ama tam tamına bir testi zeytinyağı kullanıldığını öğrenince de, üzüntüden baygınlık geçirmiş..."

- Eh, yine de Ankara'nın iklimine alışmanız gerekecek!

Üstü bin bir çeşit yemekle dolu sofra gözümün önünden silindi. Hemen yanımdaki yol arkadaşımın gözleri yaşlarla dolmuş, ağzı da sanki etobur bir bitkininki gibi ardına kadar açılmıştı.

Ne dediğini anlamadan, dik dik baktım.

- Haberiniz yok mu? diye sordu adam.

- Neden haberim yok mu?

- Sizleri bir süre aramızda alıkoyma şerefine nail olacağımızdan!

Bu kötü niyet kokan sözlerin anlamı neydi? Tatsız tuzsuz bir şaka mıydı bu yani?

- Canım, herkesin bundan haberi var! Dün, tüm ülke geneli için karar alındı. Dünden itibaren hiçbir yabancı, Türkiye topraklarını terk edemeyecek. Bu zorunlu bir önlem. Tüm iletişim kanalları kesildi...

- Peki... ama... ne kadar zaman için?...

- Kim bilebilir? Belki aylarca. Belki daha da çok... Bu bir zorunluluk önlemi, askeri nedenlerle... Askeri bir önlem...

Şaşkınlıktan dona kalmış bir halde, aracın içinde, olduğumuz yerde yığılıp kaldık. Tutuklanmış gibiydik! Evet, burada tutuklu kalmıştık! Ne birimiz ne de bir diğerimiz, ileri sürülen bu gerekçeden tatmin olmuştu. Bu sonsuz ufuk, sanki bizi çevreleyen bir çembere dönüşmüştü. Evet, bu çemberden öteye gidemezdik! Nitekim üzerimize çöken bu karanlık ve gizemli kabus, savaş alanlarından süzülüp gelen tropikal rüzgarların taşıdığı boğuk top sesleriyle bezenmiş gibiydi...

Belki aylarca... Belki daha da çok... Aracımız - şeytan arabası!- bu sonsuz yalnızlığımızın içersinde, tangır tungur sallanarak ilerliyor, yol aldıkça, sıkıntımız büsbütün yoğunlaşıyordu. Sanki kızgın bir fırından üflenen yakıcı bir hava etrafımızda acımasızca dönüp duruyor, hani o çok yaklaştığınız zaman sizi içine çeken girdaplar gibi emiyordu...

- Çabuk, çabuk! Koşun!

Atarof'ların en büyük iki çocukları, villanın hemen ardındaki yamacın üzerinden ellerini ve kollarını, umutsuzca sallıyorlardı.

- Yangın! Koşun! Yangın!

Hep birlikte çeşmenin yanında oturmuş, sakin bir şekilde akşam yemeği saatini bekliyorduk. Ama işte bir anda hepimiz yamacın altına koşuşturuvermiştik. Evin ardında birbiri ardından yükselen iki şeyin tam ucunda, menekşe rengi havanın içersinde portakal rengi bir şerit gökyüzüne doğru kıvrıla sıçraya uzanarak ilerliyor, birdenbire silikleşirken hemen ardından yeniden yükseliyor ve sanki bu koyu renkli örtünün kenarlarını sihirli bir dikiş ile bastırıyordu.

Erkekler iki dakika içinde villanın kapılarından içeri girdiler ve yine iki dakika sonra ellerinde sopalar ve bahçe süpürgeleriyle (yani ateşe karşı elimizdeki olanca araçla) yeniden çıktılar ve her an biraz daha yoğunlaşan kuşluk karanlığının içine daldılar.

Pierre, arkasına dönmeden, bana bağırdı:

- Sizler değil! Sadece erkekler!

Atarof'ların daha genç olanı da, babasının omzu üzerinden haykırdığı aynı sözcüklerle geri döndürüldü. Yaşça daha büyük olanın ise gruba katılmaya hakkı olduğu sessizce onaylanmış gibiydi; bacakları üzerinde yaylanarak ve elindeki sopayı ileri doğru uzatarak ilerlemesi görülmeye değer bir manzaraydı.

"Sadece erkekler!" Ben, bizi esirgemek isteyen bu sözleri duymazlıktan geldim ve koşmamı sürdürdüm. Yararsız bir biçimde kenarda kalmak, bir işe yaramadan beklemek istemiyordum; ama bu nasıl bir araziydi böyle?!.. Birbiri ardından gelen tümsekler, sık çalılar, yarıklar; yer yer neredeyse tam dikey bir takım sırtlar ve neredeyse aynı diklikte inişler!...

"Erkekler" önümden ilerleyip uzaklaşmışlardı. Ben de koşar adım ilerliyor, ama bu yarı karanlıkta, önüm sıra koşuşturan adamları da görmeden yol alıyordum. Bu arada bir ara, onların bağırmalarını ve ayak seslerini duyamaz oldum. Bu heyecan verici ve ılık akşamın içersinde yapayalnız kalmıştım. Yavaşladım ve neredeyse durakladım: Yeniden öbürleriyle bir arada olmak istiyordum; sanki bensiz yangına müdahale edemeyeceklerdi!...

... Büyük bir haz uçurumunun içine yuvarlanıyor gibiydim; hava ve ortam, uçuşan ve insanı düşler alemine sürükleyen gizemlerle doluydu...

Eh, şu halde yamacın en üstüne tırmanalım ve görüntü biraz daha genişlesin! Tanrım! Nasıl da uçsuz bucaksız bir sonsuzluk! Asya topraklarının nasıl da alabildiğine kendine özgü bir parçası!.. Arazinin sınırları hiç mi hiç belli değil; sanki her şey gliserin gibi, insanın yüzünü okşayarak yumuşatan bir pusun içinde eriyip gitmiş... Sözcüklerle anlatılamaz ülke! Varoluşun mucizesi!... Havayı böylesine yumuşacık kımıldatan, bir Anka Kuşu'nun kanadı mı? Ayın aydınlık yüzü kadar güzel suratlı kırk peri kızını görebilecek miyim, yoksa şu karanlık boğazda bizi Bağdat'ın kırk haramileri mi bekliyor? Halife Hazretleri, tören alayıyla mı geçiyor? Şam kenti bu yönde mi acaba? Büyük tören salonu devekuşu yumurtası kadar iri bir pırlantayla süslenmiş ve kapıları da som gümüşten olan, pırıl pırıl mermerden yapılmış o harikulade sarayın kalıntıları, acaba şu gördüğümüz taş yığınları mı? Yoksa Timurlenk, Yıldırım Beyazıt'ın ordusunu, buralarda mı bozguna uğrattı?

Aman tanrım! Birdenbire solumda, yamacın eteklerinde bir yerde, bir hareketlilik oldu. Bir, iki, derken üç kişi, karanlıkların içinden çıktılar; sanki toprak insan kılığına bürünüp ayaklanıyor gibiydi ... İnanılmaz bir hızla, bana doğru koştular.

Dostlarım, imdat! Ben burada, böyle yapayalnız kaldım! Bu yalnızlık üzerimi sanki sonsuz siyah bir şal gibi örttü! Çabuk, daha çabuk, villaya doğru koşalım! Bacaklarım sanki kanatlanmış gibiydiler ve kulaklarım kan basıncıyla uğulduyorlardı. Birdenbire, yukarıdan atılan bir taş, omzuma çarptı; hemen arkasından da sanki çok sıcak, kızgın bir tülbent gözlerimin önüne indi ve benim o üç kurtarıcımı görmeme engel oldu. Çılgın gibi son bir gayretle ileri atıldım ve kapıdan içeri girdim.

Bir ışık seli çevremi kapladı ve kurtulduğumu anladım: Tanıdık sesler geliyordu kulaklarıma: Tamam, kurtuldu! Bu arada, öbür üçünün de içeri geldiklerini fark ettim.

Ne var ki kalbim göğsümün içersinde, adeta çılgın bir at gibi koşmaya devam ediyordu; soluğumu yeniden düzene koyabilmem için bir hayli zaman geçmesi ve dostlarımın orada olduklarını görmem gerekti. Neşeyle gülüp konuşuyorlardı.

- Amma da iş, ha! dedi Pierre; yüzü simsiyah bir is ve terle kaplanmıştı. Elindeki sopa yarı yarıya yanmıştı ve onu kömür karası avuçlarında sağa, sola çevirip duruyordu. "Tam zamanında gelmiş olmasaydık, villa bu gece cayır cayır yanacaktı!... Yani, demek ki, iyi ki burada kalmışız, değil mi?!.."

Bugün bir okulu ziyaret ettik. Ne düş kırıklığı! ve elbette Konstantinopl'da bulunan ve çağdaş sayılabilecek okullardan ne kadar da farklı! Gerçekten de Ankara'nın bu rakibi ile arasındaki farkı kapatabilmesi için alması gereken çoook uzun bir yol var! Hele hele Rusya'daki okullarla arasındaki fark ne kadar da büyük! Okul pislik içinde ve yamru yumru, daracık bir sokaktaydı. Okulun tek sınıfı, iki tane küçücük pencereden az bir ışık alabilen bir odaydı. İçerisi çok berbat kokuyordu ve bu ortamda nefes almak bile çok güçtü.

Üstleri, başları yırtık pırtık, otuz kadar çocuk ve yirmi kadar da tabure vardı. Bir kara tahta, bodur masalar, ilk bakışta yaşlı bir büyücüye benzeyen bir öğretmen, öğretmenle öğrencileri birbirlerinden ayırmak için konmuş bir kürsü altlığı, yerde ezilmiş tebeşir parçaları, genizden gelen bir sesle tutuk, kekeme bir okuyuş...

- Bu ne dersi?
- Kuran.

Çocukların her birinin önünde sararmış, koskocaman birer kitap vardı ve onlar bu kitapları sıkıntıyla evirip çeviriyorlardı. Aslında tüm sınıf, hep bir ağızdan ve ağlamaklı bir sesle birlikte okuyorlardı.

- Bu dersten sonra ne yapılacak?
- Bugünlük bu kadar, evlerine gidecekler...

... Tamam, itiraf ediyorum ki pes ettim.

Bu sözleri, utanarak, küçücük bir kağıt parçasının üzerine yazdım; ama ne olacaksa olsundu artık: Bunalıyor, boğuluyordum. Sabrım ve cesaretim bitmişti.

Günler birbiri ardından geçip gidiyordu, ama hiçbirimiz şu ya da o gün buradan gidebileceğimize ilişkin en küçük bir ümit bile besleyemiyorduk. Tam tersine, tüm işaretler, sanki burada daha aylarca kalacağımız yönündeydi. Bu koşullarda beklemek! Kitap yok, gazete yok, her türlü faaliyet yasak, Avrupa'dan hiçbir haber gelmiyor, hiç kimseyle mektuplaşamıyoruz ve dört bir yanımız, her an biraz daha yoğunlaşan bir gizli servis ağıyla örülü...

Planlar yapıyor, projeler geliştiriyorduk, ama hepsi de birbiri ardından çöküyordu. Bir gün kararımızı verdik: Sapa yollardan gizlice, yaya olarak çekip gidecek, dağları yürüyerek aşacak ve deniz kıyısına ulaşacaktık. Bu, dört ile altı haftalık bir yolculuk demekti. Bu projeyi hemen uygulamaya koymamız için çok ısrar ettim. Ama tüm ayrıntılar birden göz önünde bulundurulduğunda, bunun delilik olduğuna karar verildi. Polise ya da askerlere yakalanmasak bile, mutlak olarak haydutların ellerine geçecektik... Üstelik bu uzun yol boyunca yiyecek ve içecek bir şeyler bulabilmemiz de mümkün değildi. Silahımız da yoktu. Üstelik hiçbirimiz yolları bilmiyorduk...

Peki, ama bu işin sonu nereye varacaktı? Bana göre, her ne olacaksa, burada böylece geberip gitmekten daha iyiydi. Bir başka gün, makineli tüfekli bir otomobil ele geçirip onunla kaçmak üzere kafa patlatıldı! Birkaç gün sonra ise, kuzeye gitmek yerine, Suriye yönünde kaçmaya karar verdik!.. Ama, tıpkı kuzeyden olduğu gibi, Suriye üzerinden gitmek için gerekli izinleri almak da mümkün değildi...

Böylece beklerken günler birbiri ardından geçip gidiyordu. Bana en dayanılmaz gelen, hiçbir şey yapamadan beklemek zorunda olmaktı. Bir akşam, yemekten önce, arkadaşlarımızdan biri bizlere son talimatlar hakkında bilgi verdi. Bu, Rusya Ticaret Ataşeliği'nde çalışan Durieux adında biriydi.

Başka şartlar altında tanımış olsam, onu çok çekici bulabilirdim: Sürekli olarak geriye doğru itilmiş şapkası, ayakkabılarının üzerindeki beyaz tozlukları ve üzerine hokka gibi oturan ceketiyle bu iri yarı adam, oldukça hoş biriydi. Ömrünün önemli bir kısmını Sibirya'da ya da Avrupa'nın değişik kentlerindeki hapishanelerde geçirmiş olmasına karşın bütün bunları daha önce hiç kimsede görmediğim bir olağanlıkla karşılıyordu. Ona kalırsa her zaman her şey yolundaydı; her şey tam da istendiği gibi gelişiyordu: O, en dehşet verici olayları bile sanki insanlara verilmiş tanrısal bir lütuf gibi görmek ve göstermek konusunda, olağanüstü yetenekliydi. Bir sorundan söz ederken ellerini ovuşturması ve dünyada bir eşi daha görülmedik bir umursamazlıkla omuz silkmesi ve "pöh!" demesi, gerçekten görülmeye değerdi.

- Eveeeet, arkadaşlar! -Durieux şapkasını biraz daha geriye itmişti- "Nasıl söylemeli, haberler pek iç açıcı değil. -Bunları söylerken, mavi gözlerini kırpıştırıyordu- : Cephelerdeki durum karmakarışık ve yetkililer savaşın gidişatı konusunda iyimser değiller. Sonuç olarak belki de burada bir yıl daha kalmak zorundasınız... Pöh! Bir yıl dediğiniz nedir ki, çabucak geçer... Hele sizin gibi kent insanları; bu süreyi doldurmak için bir sürü şey yapabilirsiniz... Yani, bunu anlıyorsunuz, değil mi!?..."

Ülkemizde gerçekleştirilen son cinayetler üzerine anlattıklarını da sessizce dinledikten sonra -Asya ne kadar da büyüktü ve bir insan ise ne kadar da küçüktü!- Cebet'i, Serdier'yi ve diğer arkadaşlarımı izleyerek, her gün bu saatlerde yaptığımız bu akşam gezintisine katıldım. Aslında içimiz bu kadar sıkıntılı olmasa, gözlerimizin önündeki manzara gerçekten de eşsizdi... Güneşin şaşırtıcı renk oyunları, aydınlattığı freskin olağanüstülüğü, kayaların aldığı eşsiz şekiller ve renkler ve bu dağlık Sahra'nın inanılması güç güzelliği, şu beş kelime ile birlikte ele alındığında, hiç de keyif vermiyordu: Türkiye'de bir yıl daha yaşamak!

Akşamın çarpıcı güzelliğini seyretmek ve yalnızlığımızı duyumsamak için kayaların üzerinde oturacak, akrepsiz ve uygun bir yer ararken Pierre, bir ara bana:

- Cesaretini kaybetme, dedi.
- Cesareti kaybetmek mi? Böyle bir izlenim mi veriyorum?

Vadide, toprakları elekten geçiren bir kadın topluluğuna doğru yürüdüm. Önlerinde, büyük bir çerçeveye gerilmiş bir tel örgü ağ ve ondan geçirmeye çalıştıkları çok büyük bir taş, toprak yığını vardı. Bu, hem gözler, hem ciğerler, hem de genel olarak tüm vücut için son derece güç ve zahmetli bir çalışmaydı. Kızgın güneşin altında çabalıyor, önce çakıllı kumları koydukları büyücek bir kabı dolduruyor, sonra da bunları elekten geçiriyorlardı. Cebet ile birlikteydik ve bu kadınlarla söyleşi yapmayı o üstlenmişti.

Sadece bir tanesi cevap vermeyi kabul etti. Diğerleri çekinmişti.

Bu, cildi adeta ham bir incir gibi yeşil menekşemsi bir renkte olan, hiç de genç sayılamayacak bir kadındı ve elleri, yaptığı işten dolayı yara bere içindeydi. Yorgun bir hareketle taş çakıl kabını yere bıraktı, sarı renkli yerli başörtüsünü özenle düzeltti ve bize doğru anlamadığımız bir hareket yaparak yamaçtaki bir iğde ağacını işaret etti. Ne demek istemişti acaba? Çok bol pantolonunu savurarak geniş birkaç adım attı, önündeki küçük hendeği ve tümseği aştı ve ağacın yanına ulaştı.

Ağacın en alt dalına bir iple asılmış olan hasır bir sepete uzandı, iki elini birden içine sokarak hiç de temiz olmayan çamaşırlara sarıldı, kara sarı renkli, minnacık bir bebeği çıkarttı.

- Kaç yaşında? diye sordu Cebet.
- Bir günlük. Dün sabah doğdu.
- Annesi nerede?
- Benim, dedi. Bu sırada, gerçekten de düzgün ve güzel olan bembeyaz dişlerini göstererek, gülümsedi.
- Ama, onu nerede doğurdunuz?
- Burada!

Eliyle, birkaç adım ötemizdeki bir mısır tarlasını işaret ediyordu.

- Ama... Hemen, bugün de çalışıyorsunuz, ha?!
- Ne yapayım? Çalışmak gerek! Hatta dün öğleden sonra bile çalıştım. Bu benim sekizinci çocuğum. Kocam çok az kazanabiliyor...
- Ama kendinizi çok yorgun hissediyorsunuzdur herhalde!
- Evet... Gerçekten de çok yorgunum. Ama eve döndüğümüz zaman, orada da yapılması gereken bir sürü iş var!
- Peki ama, ne zaman dinleniyorsunuz?
- Hiçbir zaman!... Dinlenmek için zaman yok...

Aşağıda, ellerinde kalbur tutan üç kadın bize doğru işaretler yapıyorlardı. Bu, herhalde yanımızdaki kadının tekrar işe dönmesi gerektiği anlamına geliyordu. Kadın, minik bebeği hırsla emdiği sarkık ve sarımtrak renkli memesinden biraz da zorla ayırdı ve özenle, sallanan sepete yerleştirdi, uçuşan sinekleri kovaladı. Daha sonra da çabucak işine, toz toprağın içine döndü ve ağır eleğini yeniden aldı.

Sophie Atarof, bir ışık seline boğulmuş olan göz kamaştırıcı ve gürültülü kabul salonundan çıkıp da onun oturmakta olduğu bahçe kameriyesine doğru yürüdüğümü görünce, şaşkınlıkla mırıldandı:

- Sonuna kadar kalmayacak mısınız?

Yoldaş Atarof, sabahtan beri, büyükelçilik sekreteri olan birkaç genç kızın da yardımıyla, Türk yetkililere verecekleri bir akşam yemeğinin hazırlıklarıyla uğraşıyordu. Merdivenlerden defalarca inip çıkışını, tabak çanakların getirilip dizilişine yardımcı oluşunu, bazı yiyeceklerin masaya yerleştirilmesine katkılarını ve çiçeklerin yerleştirilmesine kadar, yemek salonunun tüm ayrıntılarıyla ilgilenmesini ilgiyle izlemiştik. Her şey hazır olup da ilk konuklar gelmeye başladıklarında ise, büyükelçinin eşi ortalıktan sıvışıp yok olmuştu.

- Pek ortalarda görünmek istemiyorum, demişti bana. "Tedbirli olmamız gerekiyor. Kısa bir süre önce, Türk kadınlarının çağdaşlaşma yolunda ilerlediklerini varsayarak konuklarımızın eşlerine bir resepsiyon vermiştik. Ama bu bir skandal haline geldi! Düşününüz, kadınlarla erkekler bir arada, aynı salonda!.. Bazı fanatiklerden aldığımız tepki mektuplarından, geçen gün başımıza gelen yangının, buna bir tepki olduğunu öğrenmiş bulunuyoruz..."

Böylelikle bu büyük akşam yemeği de, büyükelçinin eşinin katılmadığı bir yemek olarak düzenlenmiş oldu. "Bütün Ankara" oradaydı: Milletvekilleri, gazeteciler, sorumlu yazı işleri müdürleri, resmi yazarlar, şairler ve bakanlar ile kırk kadar da "saygın ve önemli kişi", çiçekler ve yeşilliklerle, iri taneli İzmir üzümleriyle, dilimlenmiş karpuzlarla, Türk lokumlarıyla ve konukların hayranlıklarını çeken çeşitli hamur tatlılarıyla süslenmiş büyük masanın etrafındaki yerlerini almışlardı. Bu baklava ve diğer hamur işi tatlılar, ünlü bir şairin övgü sözlerini hatırlatıyordu:

"O ince, güzel ve zarif parmakların yaptığı ey güzel tatlılar! Ey künefe, ey künefe! Öleceğimi bilsem de ömrümün bir tek gününü bile sensiz geçiremem!"

Kolektif bir bakış açısından bakıldığında "yeni Türk bakış açısının" nasıl biçimlendiğini gerçekten merak ediyordum. Gerçekten yeni bir bakış açısı var mıydı, yoksa yok muydu? Yeni fikirler yayılıyor muydu, ülkeyi yepyeni bir titreşim kaplıyor muydu, özgürlük havasını soluyabilecek miydik ve bu yönde bir açılıma tanıklık edebilecek miydik?

Ankara'nın büyük gazetelerinden birinin genel yayın müdürü ile sosyalist bir milletvekilinin arasında oturuyordum ve her ikisinin de fesi ateşli bir biçimde savunduklarını görüyordum; yabancı boyunduruğundan kurtulmayı anlatırken bu konuya gelip takılıyorlardı. Buraya gelince gözleri ışıldıyor ve gözle görünür biçimde keyifleniyorlardı.

Bir süre sonra özel görüşmelerin yerini söylevler aldı. Ama ben, bir yandan biraz uzağımdaki söyleşilere kulak kabartırken -ki kulağıma "fikir" namına hiçbir şey gelmiyordu!- beri yandan da her iki komşumu sorgulamayı sürdürmeyi yeğliyordum. Ama tam tersine, saat ilerleyip de et yemekleri, pilavlar, börekler ve hamur işleri masadan çekilip bir takım irili ufaklı şişeler birbiri ardından boşaldıkça sesler iyiden iyiye yükseldiler, sağımdaki "Birleşik Basın Direktörü"nün maskesi giderek daha da düştü ve gerçek kimliği ortaya çıktı...

... ve böylelikle yeni Türkiye'nin kaymak tabakasını gördüm: Özgürlük savunucularını, şefleri, yöneticileri... öyle bir halde gördüm ki... görmesem daha mı iyi olurdu?...

Gecenin içinde, küçük fıskiyenin yanında, parıldayan yıldızların altında, ılık ve çok tatlı bir hava vardı ... Haydi yoldaş Atarof, yanınızda bana da küçük bir yer açınız; sonuna kadar kalamayacağım!

Haber, tepemize gökyüzünden birdenbire inen bir şimşek gibi, aniden geldi: Nihayet zafer!

Birkaç saat içinde Ankara'da her şey tepeden tırnağa değişti. İnsanların suratlarında olağanüstü bir ateş okunuyordu. Herkes gazetelerdeki haberlere sarılmıştı ve bu haberler bir inip bir çıkıyor, sıçrayarak büyüyorlardı: Türk ordusu yüz binlerce esir alıyor, düşmanlarından binlerce top ve yüzlerce bayrağı ele geçiriyordu. Yunanlıları yenmişlerdi! Hurra, yaşasın Türkler! Böylece Kemal, muzaffer bir şekilde Konstantinopl'a giriyordu -"İzmir" yerine, böyle diyorlardı-. Kimileri yürüyüşü Avrupa'ya doğru devam ettiriyorlar, dedikodular dört nala gidiyordu. Fener alayları ve havai fişek gösterileri düzenleniyor, bu büyük askeri zafer dilden dile dolaşıyordu: Bu, ateşlerin yükselmesinden de öte bir şeydi; çılgınlıktı, sarhoşluktu, delilikti!

Biz de bir etkinliğe katıldık... Bunu nasıl adlandırmalı? Bayram mı, tören mi, gösteri yürüyüşü mü demeli?... Halkın da katıldığı, kentin en büyük meydanında yapılan bir toplantıydı.

Aslında bu sanki dinsel bir ayine benziyordu; neresinden bakarsanız bakın, bunun sanki dinsel bir karakteri vardı.

Hani neredeyse kurşunu bile eritecek kadar sıcak bir havada, öğle güneşinin insanlara acı veren aydınlığında, alabildiğine büyük bir kalabalık, Büyük Millet Meclisi'nin önünde toplanmıştı. Acaba bu kendiliğinden mi olmuştu, yoksa bu halk birileri tarafından harekete mi geçirilmişti? Kadınlar ile erkekler ayrı ayrı toplanmışlardı. Kadınlar bir yanda, biraz yüksekçe bir sekinin, Ankara'nın tek büyük caddesine biraz yukarıdan bakan bir setin üzerindeydiler. En şık olanlar ön sıralardaydılar (inci grisi çarşaflılar, güvercin boynu renkli çarşaflar, en güzel siyah çarşaflar...); yoksullar ise daha arkalardaydılar: Kaba saba pamuklu bir örtü yığınının altında, bir hayalet sürüsüne benziyorlardı. Tüm devlet görevlileri, bunların tam karşısına dizilmişlerdi: Bakanlar, milletvekilleri, paşalar, "eşraf ve zadegan", gazeteciler ve bürokratlar, ilişkide oldukları yabancı diplomatlar ve bağlı personel. Hemen hemen hepsi de Avrupa tarzı ceketler ve siyah püsküllü kırmızı fesler giymişlerdi. Kadınlarla resmi görevlilerin arasında, sanki bir gökkuşağı gibi değişik renklerde cübbeler giymiş olan tüm din adamları ve hacı hoca takımı yer almıştı. Bunların şeflerinin başlarında da, aralarındaki aşama sıralamasındaki önemlerine göre düz beyaz ya da işlemeli sarıklar vardı.

En sonunda orada bulunanların çoğunluğu, hani ayak takımı diye hor görülenler, çalışanlar ve acı çekenler, orada sürekli kaynaşıp duranlar meydanın ortasını boşalttılar ve kenarlara doğru, çepeçevre yayıldılar.

Birdenbire ortaya, yirmi tane kadar, tepeden tırnağa siyahlar giymiş adam çıktı: Başlarında siyah bezden, sımsıkı bantlar vardı; yine vücutlarına sımsıkı oturan siyah gömlek ve pantolonlar, İspanyol bolerolarına benzeyen siyah, dar ceketler, siyah tozluk ve yine siyah pabuçlar giymişlerdi; kaşları ve bıyıkları ile çok büyük hançerleri de siyahtı.

Yan taraftan biri, hepimizin duyabileceği bir sesle mırıldandı:
- Kafkas dansçıları!

Aslında Kürtler'e oldukça benzeyen, kömür karası bakışlı bu genç adamlar elele tutuşarak bir çember oluşturdular; kollarını, dirseklerini omuzları hizasına kadar kaldırarak birleştirdiler ve arkasından hep birlikte, zıplayıp sıçrayarak, sanki sihirli bir siyah çember halinde hızla dönmeye başladılar. Aralarından biri kopup ayrılarak ortaya geldi ve görkemli bir yüksekliğe kadar sıçrayarak dansını sürdürdü. Gitgide daha hızlı dönen çemberin en üstüne kadar sıçradığı ve sonra hızla yere inerek toprağı ayaklarının altında çiğnediği görülebiliyordu. Bu şeytan son derece esnek bir adamdı ve bir süre sonra, göz açıp kapayana kadar geçen kısa bir anda nöbeti başka birisine devrederek çemberin içindeki yerine döndü. Bu kez ortaya geçen yeni dansçı, aynı olağanüstü hareketlerle dansı sürdürdü.

Bu, yarım saat kadar sürdü. Adamlar, hep bir ağızdan geleneksel bir halk türküsü söylemeye başladılar; tümü de öne doğru eğilmişti ve başları görünmüyor, sadece iki büklüm olmuş sırtları seçilebiliyordu. Bacakları karıncalarınki gibi kıpırdıyor, omuzları zangır zangır titriyordu. Halkanın ortasında dans eden, diğerlerininkinin ters yönünde bir hareket yaparak dönüyor ve sıçrıyordu; yoğun sıcağa ve bunca harekete karşın suratı kızarmamıştı bile; giysileriyle bütünleşmiş olarak zeytin rengi gibi görünüyor, İspanya müzelerindeki Zurbaran keşişlerini andırıyorlardı: Koyu renkli ve kırış kırış tenleri terle ıslanmış, döne döne sürdürüyorlardı danslarını. Bu dönüşlerde, bu tümüyle din dışı dansta, yine de Mevlevi dervişlerini andıran bir şey vardı. Ortadaki kimi zaman hançerini düşsel bir düşmana saplamak ister gibi havada sallıyor, aynı anda da bir Rus dansçısını andıran bir sıçramayla yükseğe, alabildiğine yükseğe zıplıyordu. Bu olağanüstü hareketlilik içersinde hançerin her an birisine saplanabileceği düşünülüyor ama hiçbir şey olmuyordu.

Söyledikleri şarkı uzun bir çığlığa dönüşmüştü: Gitgide uzayan ve vahşileşen bu çığlıklar sönmeye yüz tuttuklarında, sanki gırtlaklara bir hançer saplanıyormuş gibi hırıltılı bir sesle silikleşiyorlardı. Ortadaki ise hâlâ bütün bu vahşi konseri tamamlayan bir şiddetle zıplayıp sıçrıyor ve olanca hızıyla yere, dizlerinin üstünde düşüyor, zemini ayakları ve dizleriyle dövüp çiğnemeyi sürdürüyordu. Çember dalgalanıyor ve onu delice bir ilgi ve dikkatle izleyen halka bir yaklaşıyor, bir uzaklaşıyordu. Tam tepedeki güneş dikey inen ışınlarıyla ortalığı acımasızca yakıp kavuruyor, enselerde adeta boza pişiriyordu.

Dans bitip de dansçılar çekildiklerinde, sanki hiçbir şey bitmemiş, devamı gelecekmiş gibi bir izlenime kapıldım. Öylesine ki, dansçıların nereye gittiklerini, nerede oturup dinlendiklerini bile fark edemedim. Gözlerim onların az önce döne döne dansettikleri yere dalmış, oraya takılıp kalmıştı ve bütün vücudum, elim ayağım kesilmiş iken bile yine de çok tuhaf bir biçimde, iç karartıcı bir ritmle kımıldamayı sürdürüyordu. Ruhum bedenimin içinde bulunduğu ortamın dışına sürükleniyor, değişik duygu ve düşüncelerle çalkalanıyordu: Bağırıp çağırmak, saçımı başımı yolmak, birilerinin canını acıtmak, kötülüğe karşı başkaldırmak, ama bir yandan da başıma gelecek olan acıları "bal eylemek" istiyordum... İçinde bulunduğum bu kılıfı yırtarak dışına çıkmak, bu cehennemi andıran ortamdan kurtulmak, ama bir yandan da gözlerimi kapatmak ve bir daha hiç kıpırdamamak istiyordum... Aslında, hissettiklerimin tümüyle tuhaf ve anlaşılmaz olduğunu itiraf etmeliyim. Yoksa, belki de sadece bir tek an için, "Doğu" gerçeğini anlamış mıydım?

Birazdan, din adamları topluluğunun içinden bir "hoca" ilerledi. Alabildiğine şişman, davranışıyla önemli biri olduğunu hissettiren, çevresine beyaz sarık dolanmış bir fes giymiş, tüm vücudu simsiyah bir entarinin içinde, iki elini bir istridye kabuğu gibi açarak halkın gözlerine yönelmişti; başını eğerek, adeta bir hünsa gibi incecik bir sesle, kutlama etkinliklerini kutsadı. Böyle bir şeyi görmek de oldukça şaşırtıcıydı. Hoca her mısrayı okumayı bitirdiğinde, kalabalık, tüm kadınlar ve erkekler, hep birlikte ve anında cevap veriyordu. Hocanın yüzündeki ifade her defasında değişiyor, göz kapaklarını ve kirpiklerini farklı biçimde kırpıştırıyor, insanlara bir şeyler çağrıştırıyor ve buna sesler, sadece sesler cevap veriyordu. Sözlerine ara verdiğinde kalabalıktan, derinden bir homurtu çıkıyor, uzak bir koronun şakıdığı bir nakarat gibi yineleniyordu.

Meclis binasının tam önündeydim ve etrafımdaki adamları büyük bir dikkatle gözden geçiriyordum. Bunlar iktidarı ellerinde bulunduran, sahnede en önde gelen, başka bir deyişle yönetimin ve Ankara'nın "kaymak tabakasını" oluşturanlardı. Tümü de hocanın sözlerini dikkatle dinliyor, tümü de başlarını onun gibi biraz eğik şekilde tutuyor, omuzlarını itaatkâr bir biçimde eğiyor ve avuçlarını tam bir teslimiyetle açıyor, hep bir ağızdan yineledikleri "amin" sözcüğünü tam bir uysallık ve teslimiyetle söylüyorlardı... Bu ses, trampetlerin hep bir tempoyla çalınması gibi kademeli olarak yayılıyordu...

Bunu söylevler izledi. Bir milletvekili yüksekçe bir zeminin üzerine çıkarak kükredi ve Türkiye'nin büyük zaferini duyurdu, hemen ardından da bunun o zamana kadar kazanılmış bütün zaferlerden daha önemli bir zafer olduğunu haykırdı. Bunu, inleyen bir sesle, adeta dua eder gibi yineleyen bir hocanın konuşması izledi. Daha sonra küçük bir oğlan çocuğu bir masanın üzerinden, mısraların üzerine basa basa, bir kahramanlık şiiri okudu. Bunu bir milletvekilinin, onu da bir hocanın söylevleri ve duaları izledi. Daha sonra oradan, buradan, sağdan ve soldan, önce sırayla, sonra sıra falan gözetmeden kalkarak, önce teker teker, sonunda neredeyse hepsi bir ağızdan konuşan, on mu, yirmi mi adam izledi. Kimilerinin ağızlarından dökülen sesler birer cümleye değil, daha çok anlamı olmayan bir sesler karmaşasına benziyordu. Sonuçta tüm bu sesler ve sözler, orada bulunan insan yığınının üzerinde yankılanıyor ve cevap buluyordu.

Bütün bunlardan sonra görüntüsü güzel bir heykeli andıran genç bir delikanlı (ki bir balete benziyordu ve hani neredeyse diz kapaklarına kadar inen, bembeyaz bir Makedonya eteği giymişti) bir kaval ve tef eşliğinde güzel bir dans etti.

Onu, oradaki tüm hocaların hocasının verdiği bir söylev izledi. Yunan Ordusuna lanetler yağdırdı ve sözlerini yine o ağlayan tonlamayla bitirdi. Bunun arkasından hep bir ağızdan bir askeri marş söylendi ve kim oldukları tam da belli olmayan bir takım kahramanların çok onurlu ve pek gururlu mücadeleleri övüldü; dişinden tırnağına kadar silahlı askerlerin yurt için canlarını feda etmeleri -şehitlik- kavramı kutsandı.

Kalabalıktan sıyrılmamız için epey uğraşmamız ve çabalamamız gerekti (yaklaşık üç saat boyunca ayakta kalmış ve bir hayli yorulmuştuk). Güneş hep olduğu gibi tepemizde ateşten bir tepsi gibi yanıyordu, ama oradaki tüm Türkler, sanki sözü edilen zaferi bizzat kendileri kazanmış gibi bir hava içersinde, yerlerinden ayrılmaya hiç niyetleri olmaksızın ve sıcaktan hiç yakınmadan, Büyük Millet Meclisi'ni, direklere veya binaya asılı kırmızı renkli ve aylarla süslü bayrakları hayranlıkla izleyerek ya da meydanın kenarlarındaki yeşil alanlardaki çimenleri ve çiçekleri çiğneyerek oralarda dikiliyor, geziniyor ve dolaşıyorlardı. Tozların uçuştuğu havayı kokluyor, ezilmiş çiçeklerin kokusunu soluyor, havada uçuşan şarkılara, sözcüklere ve müziğe kulak kabartarak dolaşıyorlardı.

İşte sonunda at izinin it izine karıştığı bu kargaşa günü de sona ermiş, saat de bir hayli geç olmuştu; ama zafer sarhoşluğu henüz sona ermemişti. Gecenin yoğun karanlığı içinde her yandan dumanlar yükseliyor, yakılan ateşlere tahtalar ve odunlar atılıyor, kıvılcımlar sanki çağlayanlar gibi dört bir yana saçılıyordu. Her tarafta sağır bir gürültü vardı ve hiç beklenmedik bir anda ateşlenen tabanca ve tüfeklerin sesleri ek bir heyecan yaratıyordu. Hiç durmadan sağa sola seğirten bir kalabalık, bir o sokağa giriyor, bir bu sokaktan çıkıyordu.

Böylece Ankara, tümü de sahte olan ne kadar mücevheri varsa hepsini takıp takıştırmış bir yoksul gibi, yapay bir ışıltı içinde salınıyordu. Evlerin cılız lambalarının hepsi yanıyor, yer yer görülen meşaleler ve cılız fener ışıkları bu aydınlatma çabasına biraz da olsa bir katkıda bulunmaya çalışıyordu. Pembe bir sihir halesi içersindeki eğri büğrü bir sokak, yarı yıkılmış bir ev ya da perişan bir harabe, gerçek dışı bir görüntü veriyordu. Ya bütün bunlara hiç durmadan eşlik eden bu şarkıların yaydığı havaya ne demeli? Daha ne zamana kadar şarkı söyleyecekler? Ne zaman bıkıp usanacaklar?

Aşırı sıcak kahvehanelerde biraz dolaştıktan ve eski askerlerin sohbetlerini izledikten sonra çok uzun süreden beri yürümekte olduğumuzu fark ettik ve asker çadırlarının kurulduğu bir meydanın yanından geçerek, görüntüsü çok çirkin bir mahallenin yakınlarına kadar geldik. Burada, bir patikanın iki yanında, kalın bir toz bulutunun altında kaybolmuş bir bağın hemen yanında, birbirinden sadece birkaç adım uzaklıkta, terkedilmişe benzeyen birkaç kulübe vardı. Patikanın yanında, yerde bir kadın yatıyordu: Ay ışığında ne yaşı ne de başka bir ayrıntısı belliydi; beyaz başörtüsü, mavimsi bir solukluk içindeydi.

Cebet ona doğru eğildi ve omzuna dokundu; yumuşak bir sesle, "Hey, kadın, neyin var?" diye sordu.

O zaman hafifçe doğrulan, gözyaşlarından ve bunlara bulaşan tozlardan tanınmaz hale gelmiş bir surat gördük. Kirli elbise örtüsünün arasından önce cılız bir el, sonra da ürkmüş bir çift göz göründü. Ama bu gözler bizleri değil, gökyüzündeki görünmeyen bir güneşi arar gibiydi. Uzun, kıvrık kirpikleri ile bu gözler, bir bataklıkta açmış çiçekleri andırıyordu. Bir hayli tedirgin bir şekilde bekleşiyorduk: Bu kadını buraya getiren nasıl bir trajediydi acaba?

Gökyüzü gecenin yıldızlarından arınıp da dümdüz ve uçsuz bucaksız maviliğine bürününce kadın, derinden gelen ve ulaşılmaz bir tavırla, kolunu ileriye, Batıya doğru uzattı: Esen hafif meltem, çok uzaklardan gelen boğuk top seslerini bizlere doğru taşıyordu ve kadın, sanki boğazına tıkanan bir şeyden kurtulmak ister gibi, güçlükle yutkunarak mırıldandı:

- Küçük oğlum... orada öldü...

Bugün, geçen sene Konstantinopl'de tanıştığım çok ünlü bir Türk'ün eşiyle karşılaştık. Yolun son derece uzun ve zahmetli olmasına karşın eşini yalnız bırakmamış, buralara kadar gelmişti ve işte iki yıldan beri, artık Konstantinopl'da değil, burada, yeni Türkiye'de yaşıyorlardı.

Son derece çekici bir kadındı. Güzeldi. Türk kadınlarının güzellikleri, Parisli kadınların güzelliğine benzer. Öylesi bir güzellikti bu: Hafifçe uzun bir yüz, badem şekeri renginde bir ten, dikkati çeken yanaklar ve elmacık kemikleri, birbirine yakın, simsiyah ve cilveli gözler, çabucak değişen bir huy, akıllı bir alın: Birisi söylemese, hiç kimse Türk olduğunu bilemez! İngilizce ve Fransızca'yı kusursuz konuşuyor, siyasetle ilgileniyor, İran-Fars işi şamdan koleksiyonu yapıyor, eski eserlerden ve uluslararası mutfak sanatından çok iyi anlıyor ve hiçbir ülkenin edebiyatını iyi tanımamasına karşın sanki bu konuda çok yetkin birisiymiş gibi konuşup tartışmayı becerebiliyordu. Konuk ağırlıyor, flört ediyor, araba kullanabiliyor ve iyi giyinmeyi biliyordu. Kısacası, hemen hemen her ülkede görülebilen, tek bir ülkeye özgü olmayan bir burjuva kadınıydı.

Şimdilerdeki "takıntısı", feminizmdi. Kısa saçları rüzgarda hafifçe kıpırdadıkça, bakılmaya doyum olmuyordu. Giydiği etek gömlek ve ayaklarındaki siyah iskarpinler son Paris modasına uygundu. Sigara ve kahve ikram ederken parmaklarındaki yüzüklerin görülmesini sağlıyor, pek hoş ve hafif, tarçınlı bir parfüm kokusu duyuluyor ve aynı ikna edici sesle sürekli yineliyordu: "Kadınların özgürlüğüne kavuşması, asıl olan budur! Kadınlar özgürleşmeli!"

Sanki tüm sorunların özü, Aziyade'yi ve tüm mutsuz kadınları, Pierre Loti'nin tüm sevgililerini özgür kılmaktan ibaretti! Ben ise, Türkiye'ye yaptığım son seyahatten bu yana kadının durumunun hangi noktada olduğunu merak ediyordum. Çünkü bu kez burada geçirdiğim günler, bu konuda iyi-kötü bir fikir edinebilmemi sağlayamamıştı. Evet, gerçi Ankara siyasi bakımdan her geçen gün biraz daha ülkenin "başkenti" haline geliyordu; ama dikkatle bakıldığında, henüz toplumsal hareketler için elverişli ve uygun bir merkez olma özelliği yoktu.

Ev sahibem çok zarif bir el hareketiyle pekiştirdiği bir söylemle konuştu:

- Aman yarabbim! Ne yazık ki hiçbir ilerleme yok! (O da tüm burjuvalar gibi kendi sınıfının bakış açısından hareket ediyor, bir anda milyonlarca emekçiyi konunun dışında bırakıveriyordu.) "Amerika'daki ya da İskandinav ülkelerindeki gibi toplantılarla ve gösteri yürüyüşleriyle, kendi dernekleriyle, kendi kulüpleriyle, kendi talepleriyle, gazeteleriyle ve propagandalarıyla, gerçek bir feminist kadın hareketi yaratmaktan başka çare yok!"

   Belki de kadının kurtuluşu hakkında bir şeyler öğrenmek için yapılması gereken şey, ille de bir feministle konuşmak değildir. Türkiye'de de ekonomik çelişkiler keskinleştikçe kadınlar hiç kuşkusuz, mücadeleye başlayacaktır. Konstantinopl'de kadınların toplumsal ve siyasal etkinliklere katılımlarını görünce yaşadığım şaşkınlığı hiç unutamam! Hani, haremlerde tutsak olan kadınlar neredeydi? Hemşireler, bakımevi yöneticileri, okul müdireleri, sanatçılar, mağazalardaki satıcılar, ticarethanelerde çalışanlar, fabrika işçileri, liman ve demiryolu çalışanları... Kadınlar her yerdeydi!.. Hele genç kuşak, çok daha hızlı yol almıştı: Hukuk ve tıp öğrencileri, ressam, şair, hatta besteci genç kızlar, kadınlar ve elbette giderek büyüyen genç proleterler ordusu!

   Feminizmin günümüzde sağladığı kazanımları birlikte gözden geçirdik, anılarımızı anlattık birbirimize: Batan güneşin Karadeniz'in sularına yansıyan bakır altın sarısı ışıklarını andık..... Üsküdar sahillerinde, yaban gülleri ve servi ağaçlarıyla süslü yamaçları anarak yürüyüş yapmıştık. On kadar Türk kadını, küçük bir köprünün üzerinde çömelmişlerdi; hepsi de gül kurusu renkli "maşlah"lara bürünmüş, yüzlerini ise denizden gelen hafif esintiyle uçuşan ince birer tülbentle örtmüşlerdi. Bir konuğumuzun kocası tambur çalarken, kadın da ona tefle eşlik ediyordu.

   Ben ayrılmak için izin istediğimde o da ayaklandı:

   - İzin verirseniz, sizinle birlikte biraz yürümek istiyorum. Size çok yakın oturan bir dosta uğrayacağım.

   Uçuşan eteğiyle, pek zarif bir seğirtmeyle kapıdan dışarı süzüldü. Birkaç dakika sonra, bana doğru gelen bir Türk kadınını fark ettim: Başında simsiyah bir eşarp, üzerinde yine aynı renk bir çarşaf; yalnız omuzları değil, tüm vücudu bu örtülerin içersinde kaybolmuş bir durumdaydı.

   - Ne? Nasıl? Çarşaf mı? diye mırıldandım. Az önce yanımda olan kadın değişmiş, incecik, güzel ve sevimli yüzü pudralanmış, kakülleri buklelenmiş, çilleri belirginleşmiş, dudakları daha belirgin biçimde renklendirilmişti.

   - Düşünmeden tepki gösteriyorsunuz, değerli dostum: Çarşafı atmak mı?.. Değil, burada, Konstantinopl'de bile bir kadın buna cesaret ederse neler olur, biliyor musunuz? Ya hele, özellikle, düşününüz, kocam ne derdi?...

- Hey, Durieux, ne durumdayız?

- Pöh! Hep aynı noktadayız. Gitmenize izin vermeyi artık daha da kararlı bir biçimde reddediyorlar. Çalmadık kapı bırakmadım, yapılabilecek tüm girişimleri yaptım, konuşulabilecek herkesle konuştum: Olumsuz, olumsuz, olumsuz!

- Ama, yahu, savaş zaferle sonuçlanmadı mı?

- Zafer hiçbir şeyi değiştirmez. Sanırım daha beklemek gerekecek. Ama artık çok fazla değil herhalde... Savaş bitene kadar!

Durieux bunları söylerken topuğunun üzerinde, bir topaç gibi döndü ve şapkasını iyice arkaya itti, hızla kapıya yöneldi, ama sonra dönerek aynı hızla bizlere yaklaştı:

- Neredeyse unutuyordum: Bugün berbat bir gün... F... Bey bir cinayete kurban gitti. Zehirlendiği söyleniyor. Muhalefet yapan ikinci kişi de... Eh, işte...

- Amma da uğursuz ülke!

- Uğursuz mu? Siz buna uğursuz mu diyorsunuz? Hayır, hayır, burası sizin dediğiniz gibi uğursuz, şom bir ülke değil... Sadece, burası Türkiye işte... Ne olmasını bekliyordunuz yani?

Eliyle sanki görünmez bir şeyi kovaladı, yukarıdan bakıldığında suratı belli bir kaygı ifadesiyle buruşmuştu. Söylemek istediği şeyi arayıp da bulamıyormuş gibi, sıkıntılı bir hal aldı, sonra aradığı sözcükleri bulmuş gibi, omuzlarını silkerek bizlere döndü: "Hayır, böyle şeyler söylemek doğru değil... Burası Türkiye, hepsi bu işte!.."

Kısa ve kalın kollarıyla havayı döverek yeniden uzaklaştı. Pierre, Serdier ve ben, birbirimize bakıştık. Gerçekten de, her defasında bu büyüleyici yoksulun izlerini unutuyorduk: Gerçek buydu, burası Türkiye'ydi!...

Ona ancak araba yola çıkınca inanacağım.

Saat gece yarısına beş var -kararlaştırılan hareket saati, gece yarısı!- ve bizler, iki saatten beri hazırız: Şapkalar başlarımızda, üstlüklerimiz kollarımızda; ama işte bir türlü inanamıyorum, gerçekten de nihayet, gözünün yaşına bakmadan, işte hareket saati!

Bu dakikayı o kadar da çok düşlemiş, sonradan vazgeçtiğimiz o kadar çok proje üretmiştik ki, adeta -kendimizle birlikte gezdirdiğimiz Çin mürekkebinden yapılma gölgeleri de kendileriyle birlikte götürüp getirendüş gezginlerine dönmüştük! Son saniyede öngörülmedik bir gelişme mi oldu, haydi bakalım, erteleme! - Bu ay ışığıyla olmaz, ovayı tiyatro projektörü gibi aydınlatıyor! - Yüze kadar sayalım, hiç kimse görünmezse, geçmezse tamam!.. Ama az önce evin çevresinde garip bir gölge vardı! Hatta, duvarın üzerinde gezindi! Sanki villanın sundurmasının altına girdi! Alarm verilince ve evin çevresindeki çalılıklar araştırılınca da hiçbir şey bulunamıyordu: Havuz ve kameriye bile araştırılıyor, ama insan siluetini andıran bir şey görülemiyordu.

Gece yarısına üç var. İri gövdesi iki büklüm, Atarof görünüyor: Gece kuşlarınınkileri andıran gözleri iri iri açılmış ve pırıl pırıl parıldıyor! Pierre'e ve Serdier'ye şaşkın gözlerle bakıyor. Bizler de şaşkınız. Yaşam tehlikeye girdiğinde, umuda yapışılır! Bu, ıssız bir adada, uygar yaşamda olduğundan çok daha az yaşanır... Atarof'la olağan koşullarda tanışmış olsaydık; öyle sanıyorum ki bu akşam gerçek bir dosttan ayrılmış gibi olacaktık! Ama içinde bulunduğumuz tehlike, geçirdiğimiz günlerin gerilimiyle birleştiğinde, onun bu varlığını silikleştiriyor. Bu, inanıyorum ki bu ıssız ortamın, bu ay manzarasının, bu belirsizlikler saklayan girintili çıkıntılı arazinin ve bu şistli kayaların uyandırdığı garip bir duygu: Sanki ölesiye bir çığlık atsan bile, hiç kimse duyup cevap vermeyecek...

Şoför yerine geçti, Durieux de onun yanına oturdu -Durieux bizlere eşlik ediyor: Gözü pek ve atılgan sevgili Durieux, küçük ve birbirine yakın gözlerini açabileceğinin sonuna kadar açmış, sanki neşeli bir bayrama gider gibi canlı! Atarof, sırasıyla herkesle vedalaşarak bindirdi: Pierre, Cebet, Serdier ve en son da Sourine'e, Rus usulü birer ağızdan öpücük kondurdu.

Eh, tamam mıyız? Evet yedi yolcu da yerlerini aldı, paketler ve çantalar kondu, bir şey unutmadık, değil mi? Araç yola çıktı. Son dakika şansı mı, şanssızlığı mı demeli? Vaat edilen mitralyöz eksikti. Hangi şeytan, onu nereye koydu?

Bize ayakta el sallayan sevgili yoldaşlarımızın görüntüleri, birer birer silikleşip gitti. Buradan ayrılamayan zavallılar, zavallı dostlarımız!.. Evet, Sophie Atarof'un beyaz elbisesi de görünmüyor artık... O da gerilerde kaldı...

Aracımız çok yavaş bir şekilde hareket ederek ve böylelikle adeta soluğunu tutan bir gece hırsızı gibi gürültü çıkartmamaya özen göstererek, sanki lastiklerinin ucuyla yolun kenarlarını yoklayarak -zira farlarımız sönüktü-, mısır tarlalarının ve bağların arasından sanki kanatları kesilmiş bir gece kuşu gibi süzülerek geçti, hepsini arkasında bıraktı ve adeta köpükleri bizleri ıslatan dalgalı bir denize açıldı, daha sonra çok taşlı bir tepeye oflaya puflaya tırmandı ve en sonunda uçsuz bucaksız bir ıssızlığa uzanan bozuk zeminli yola çıkarak ilerledi.

Bizi sahilden ayıran bu dört yüz kilometre boyunca devriyelerden ve denetim noktalarından kurtulabilecek miydik? Bu mesafeyi, kararlaştırdığımız gibi hiç durmadan, bir defada geçebilecek miydik? Gereksindiğimiz ekmek ve suyu yolda bir yerlerden temin edebilecek miydik? (yükümüz çok fazla olduğu için, yanımıza hemen hemen hiç yiyecek alamamıştık) Yanımızdaki üç zavallı tabanca bizi, tüm yol boyunca tehdit oluşturan haydutlardan koruyabilecek miydi? Sürekli olarak ana yollardan uzak durmak zorunda olan ve ne yazık ki bir tek yedek lastiği bile bulunmayan ve gerekli miktarın ötesinde hiç benzini olmayan bizler bu yolculuğu kazasız, belasız bitirebilecek; bu mucizeyi yaşayabilecek miydik?

Tırmandığımız yüksek noktadan Ankara, içinde bulunduğu çanağın dibinde, uğursuz ve beyaz kireçtaşı görüntüsüyle uzanıyordu. Titreşen tek tük ışıklar ve camilerin minareleri, sonsuz boşluğa serpişmiş gibi duran küçücük evlerin arasında pek zavallı duruyordu. Ona böylesine ısrarla attığımız bu bakış, acaba onu son kez görüyor olmamızın mı işaretiydi? Sonunda aracımız bir virajı döndü ve Ankara artık tamamen gözden kayboldu. Haydi bakalım! İşte kaderimizle baş başayız! Bir kez daha yollardayız!

Neredeyse yirmi saattir yol alıyoruz. Henüz hiçbir olay yok. Manzara hep aynı manzara... Sanki üzerinde ilerlediğimiz yolun her iki yanında da geniş ekranlı bir ışık ve görüntü oyunuyla üzerimize doğru gelen tepeleri dumanlı ve karlı dağlar, süt beyazı kireç araziler, pamuktan türban takmış tepeler, lavanta mavisi dumanla kaplı ovalar, kimi yerde kırık ve arızalı düzlükler, Tanrının kutsadığı ufuklar, nehirrler ve dereler, yüzlerce, binlerce gümüşsü iğde ağacından oluşan soluk renkli ormanlar... Kısacası doğada dünya döneli beri varolmuş tüm özellikler ve güzellikler!...

Yeniden gece oldu. Kaburgalarım zonkluyor. Cebet'in dizleri benimkilere değen demir kazıklar gibi; Serdier'nin ise dirseği, adeta bir çivi gibi omzuma batıyor ve sürekli acı veriyor... Birazcık kıpırdayıp şu ayağımın üzerindeki ağır paketi kımıldatabilsem!...Yirmi saatten beri sabırla katlanmaya çalışıyorum, ama Pierre'in bana acı vermekten özel bir zevk alan pabucu da yirmi saatten beri aralıksız vurup duran bir şahmerdan sürekliliğiyle bacağıma çarpıyor: Bu daracık kafeste hiçbirimizin, bir tek santimetre bile kımıldamamıza imkân yok!

Tuhaf, çok tuhaf bir gri renge boyanmış, geniş bir platoya vardık. Gri... Her yer gri... Platoyu çevreleyen dağlar, sanki bir filin buruş buruş derisine benziyor. Gökyüzü kurşuni ve üzerinde gümüş grisi, soluk yıldızlar görünüyor... Sanki yağlı ve şekilsiz bir zeminde ilerliyoruz; lastiklerimize yapışıyor ve yağlı metal rengi, kurşuni tonlar alıyor.

Hemen önümüzde, Durieux ile şoför arasında, gayet canlı bir "geyik muhabbeti" var! Biraz gayretle, boynumu uzatıyorum. Neler olup bitiyor acaba?

- Pek önemli bir şey yok, diyor Durieux, omzunun üzerinden. - Kafaya koymuş, 'kaybolduk' diyor da, başka bir şey demiyor!

Kayıp mı olduk? Her şey yolunda gidiyordu ve hiçbir sorunla karşılaşmadan, bir sürü yol gelmiştik! Ama ikisinin de sesleri gitgide yükseldi.

- Tamam, iniyorum! diye haykırdı Durieux. "Gidip nerede olduğumuzu öğrenmem için ısrar ediyor. Kaygılanmayın, beş dakika sonra dönerim!"

Aracımız durdu. Dinlenme molası. Bu korkunç cehennem düzlüğünde Durieux'nün insan gövdesi görüntüsü, sanki devasa bir şekilsizlik gibi görünüyor: Sanki bir uçan balık, ya da ağzından alevler saçan bir ejderha ya da yedi başlı bir canavar: Bunun, o kalın Avrupalı bacakları üzerinde dikilen neşeli dostumuz olduğunu bilmesek şaşkına dönebiliriz! İşte geri geliyor, sıçan grisi paltosuna sarınmış, yoldaki kalın kül ve toz tabakasına bata bata yürüyor ve üzerinde hareket ettiği fondan ayırt edilmesi hiç de kolay değil: Sadece parlayan gözleri ve gülen suratı ayırt edilebiliyor. Neşeli bir sesle bağırıyor:

- Her şey yolunda, (ellerini ovuşturuyor) haydi, yola devam!

Durieux tekrar bindi. Arabamız güçlükle hareket edebildi. Şoförün gaz vermesiyle öne doğru atıldı ve o ilk hızla yirmi metre kadar ilerledi. Ama sonra, puf! Omuzlarıma kadar sıçrayan bir çamur seli ve aracımız yan yattı, gömüldü, gömüldü ve sonuç olarak çanağın dibinde, çamurda yatan bir su aygırı gibi kalakaldı.

- Hay allah kahretsin! Ben demiştim! diye homurdandı şoför: "Ben fark ettim ve söyledim de, bataklığa gidiyoruz diye!.."

Şimdi, ne yapacağımızı tartışmanın tam zamanıydı. Ne pahasına olursa olsun, buradan çıkmak zorundaydık. İşe koyulmak için her şeyden önce yirmi saattir içinde bulunduğumuz bu işkence odasından çıkmamız gerekiyordu. Ayaklarımızı yere basmamızla birlikte, uyuşmuş bacaklarımız vıcık vıcık bir çamura battı: Önce bileklerimize, sonra da diz kapaklarımıza kadar... Amma da macera, ha!

Asya'da geceler çok soğuk, hatta dondurucu olur. Bataklıktan öteye ne olduğunu, buradan nasıl çıkabileceğimizi öğrenmek ve ondan sonra da etrafından dolaşabilmek için Cebet, yandaki yamaca tırmandı. Bu sırada bizler de pabuçlarımızı çıkarttık, şoför bir ip bulup çıkarttı: İlk iş olarak aracımızı bu iğrenç kokulu balçık çukurundan çıkartmamız gerekiyordu; daha sonra nereden gitmemizin daha uygun olacağını araştırabilirdik. Ama yaralı hayvanımız bunu hiç umursamıyordu sanki. Bir ara biraz yerinden kımıldar gibi oldu ve bu bizi umutlandırdı: Deliler gibi çekmeye koyulduk. Fakat, birdenbire geri kaydı ve yeniden, lanet olasıca çamurun içine battı.

Esen buz gibi rüzgâra karşın kan ter içinde kalmıştık ve kaslarımızla avuçlarımızı o kadar çok zorluyorduk ki, zaman zaman kısa da olsa bir ara vermemiz gerekiyordu. Bu ne muazzam bir yalnızlık, ne cennetlik bir barıştı; yeryüzü ile zamanın nasıl da gizemli bir çatışmasıydı!.. Ama hiçbirimizin ne aklı, ne de ruhu şiirle uğraşacak durumdaydı ve sonuç olarak dinlenme molası sona erdi, bizler de yeniden çekmeye koyulduk.

Bu sırada keşif gezisinden soluk soluğa dönen Cebet haykırdı:

- Yanlış iş yapıyoruz! Bataklıktan bu yönde çıkarsak arazi hemen hemen üç yüz metre kadar ileride, dimdik bir inişle kesiliyor. Nerede olduğumuzu çok iyi gördüm. Hava karardığından beri yanlış yöne doğru gidiyormuşuz ve böylece doğu yönünden uzaklaşmışız. Bakalım nasıl bulacağız?!

Çılgınca "Haydiii!", "Hoop!" ve "Hep beraber!" çığlıkları birbirini izledi. Bir saat kadar olanca gücümüzle uğraştıktan ve ipi neredeyse koparacak kadar kuvvetle çektikten sonra, kol kuvvetiyle aracımızı bu simsiyah kaosun içersinde santim santim kımıldatmayı başardık. Tam umutsuzluğa kapılacağımız anlarda bu "kutsal yağlı balçık" bize acıyor ve azıcık mesafe almamıza izin veriyor; kimi zaman da istemeksizin gevşiyor ve yükümüzün geri kaymasına katlanmak zorunda kalıyorduk. "Cesaret arkadaşlar! Geliyor! Haydi Sourine! Haydi Pierre! Ha gayret Serdier! Ama Cebet, sen de bütün gücünle asılsana, arkadaş!" Son ve en büyük bir gayretten sonra ayaklarımız yeniden ayrık otlarına ve kuru zemine kavuştu, aracımız da bu korkunç çamurdan kurtuldu ve sanki saygın bir sükunetle kıyıya çıkan bir su aygırı gibi kurumla kalakaldı.

Ne var ki en güç iş, henüz başarılmamıştı ve bizleri bekliyordu. Acaba geri mi gitmeliydik, yoksa yaya olarak tepenin yamacını izleyip ağaçların arasından kıvrılarak vadiye doğru inen keçi yolu patikadan mı ilerlemeliydik?

- Çılgınlık, bu tam bir çılgınlık!

Peki, ama ne yapmak gerekiyordu? Burada kalıp birilerinin yardıma gelmesini mi beklemeliydik? Cebet burada haftalarca, - hatta aylarca- , bir tek insan yüzü bile görmeden kalabileceğimizi ileri sürüyordu.

- Bir kervan mı? Olsa olsa, kaçıp saklanan bir takım haydutlar olabilir...

Dağların doruklarından kopup gelen sert bir karayelle ürperdik. Ne zamandır inceden inceye kemiklerimi yoklayan malarya, yeniden uyanıyor, giderek yükselen ateş nedeniyle dişlerim takır takır birbirine vuruyordu; zavallı şoförümüz ise şiddetli bağırsak sorunları yaşıyordu. Serdier ve Pierre, suratları bir karış, ayakkabılarının altına yapışmış balçıkları temizlemeye uğraşıyor, Sourine ise herkese ve her şeye küfürler yağdırıyordu. Aramızdaki güzel uyumun giderek bozulmasından kaygılanıyordum. Tam bu sırada, Durieux atıldı:

- Pöh! Yani ileri doğru gitsek ne olabilir ki? Haydi arkadaşlar, haydi, insan sadece bir kez ölür!

Gerçekten de bu berbat yolculuğu uzatmanın alemi yoktu. Hele geri dönmek, asla düşünülemezdi; hiç kuşkusuz alarm çoktan verilmiş olmalıydı. İniş için geçeceğimiz kıvrımlı patikalarda bir saat kadar daha yol alacaktık; bu korkunç, büyüleyici ve yoksul ülkenin karanlık kollarında gidilecek çok yol vardı daha...

Şoförümüz direksiyonu çevirmeden önce bizlere döndü. Sanki, "tamam, gidiyoruz; bunu siz istediniz!" der gibiydi.

Onun bu tavrına cevap, esen rüzgarı bıçak gibi kesen neşeli bir sesle geldi. Bu, bir yol şarkısı söyleyen Serdier'nin sesiydi:

Madam Veto, söz vermiştiniz,
Madam Veto, söz vermiştiniz!...

Hiçbir zaman, köylülerle yakın temastan kaynaklanan bir izlenim edinmedim. Bu, bizim özellikle bu bölgelerin insanlarıyla ilişki kurmamaya çalışmamızdan ileri gelmiyordu; çünkü yerleşimler birbirlerinden alabildiğine uzaktı, aralarında büyük mesafeler vardı ve biz de koşulları zorla-mıyorduk. Ama, belki de onu koruyan bu olağanüstü yalnızlık yüzünden (bir konuta rastlayabilmek için onlarca kilometre yol gitmek gerekiyordu) Anadolu köylüsünün yaşamı hakkında bilgi edinmek de çok güçleşiyor, onu çevreleyen bu geniş boşluklar, doğrudan yaşam biçimini de belirliyordu.

Bazen bir diğer köye gitmek için yola çıkmış ve günlerden beri yürüyen, ayaklarında bir takım paçavralarla toz toprak içinde genç bir adama rastladığımız oluyor; dudaklarında yalın ve tekdüze bir türkü, trajik bir vurguyla geçip gidiyordu. Bazen de günü yarılayana kadar hiç kimseyi görmedikten sonra ya ortası delik bir kayadan ya da yarı yarıya oyulmuş bir ağaç kütüğünden akıp giden bir pınarın sularıyla ve bu yalaklardan ineklerine su içiren kadınlarla karşılaşıyorduk: Fonda, krom parlaklığındaki gökyüzü oluyordu.

Ormanda kilometrelerce yol aldıktan sonra rastladığımız, üflesen yıkılacak bir kulübenin önündeki çok yaşlı bir kadın sarı bir dibekte bulgur dövüyordu. Anıtsal sessizliğini hiç bozmadan, bizlere bir ünlem işareti gibi bakıyordu. Kuru bir dere yatağını izlerken rastladığımız ve olağanüstü sakin duruşuyla dikkatimizi çeken yaşlı bir adam ise, hiçbir şaşma belirtisi göstermeden gerimizde kalıyor ve böylelikle gitgide uzaklaşarak görüş alanımızdan çıkıyordu.

Tümü de iyi insanlara benziyordu, son derece sade ve basit insanlardı! Çok şaşırtıcı olan husus, bu insanların sadece doğayla değil, hemen hemen her şeyle, sanki geçmiş çağlardan bu yana sürekli iletişim içinde olmalarıydı. Onlar ile geçmişteki yüzyıllar arasında zamanın ekranı görülmüyordu; bin yıldan beri bu konuda gözlem yapan insanları müthiş şaşırtan ve nefeslerini kesen bir şekilde, aynı mimik ve hareketlerle konuşuyor, yürüyor, uyuyor, yiyecek bir şeyler hazırlıyor ya da herhangi bir şekilde zaman öldürüyorlardı.

Yolları aşarak arşınladığımız ve aştığımız yalnızlığımız, koyunlarını otlatan yaşlı bir adamın ayaklarının önünde noktalandı. Arabamız ilerliyordu. Adam, belli ki kulak kabartarak motor sesini işitmişti: O inanılmaz hareketsizliğini sadece birkaç milimetre kaldırdığı kaşlarını kımıldatmak için bozdu; böylelikle sonsuza kadar hiç değişmeyecekmiş izlenimi veren derin çatlak ve kırışıklıklarla bezenmiş alnını kıpırdatarak gözlerini birkaç kez kırpıştırdı. Aracımız onun önünden geçiyordu ve bu hareketsiz kafanın içindeki beyin, bu alışılagelmedik görüntüyü belleğine ilk kez nakşediyordu: Bu yüzlerce ve yüzlerce yıldan beri görülmemiş bir şeydi: Bir hayvan tarafından çekilmeden ilerleyebilen bir araba...

Tek gözümü açtım. Ama bu, rüzgar sizi ve suratınızı tüm gece boyunca dondurup buz kestirmişse, kirpikleriniz berbat bir uyuklamanın getirdiği çapaklarla birbirine yapışmışsa ve mideniz de açlıktan kazınıyorsa, söylendiği kadar kolay olmuyor... Sanki buzdan bir mengene başımı sıkıştırıyor: Elimi başıma atıyorum ve işte... Bir bu eksikti! Ben uyuklarken rüzgar şapkamı alıp götürmüş!... Aman tanrım, çevremde her şey nasıl da güzel!

Sanki yeryüzünün ilk sabahına tanıklık eder gibiyim. Koyu lacivert gökyüzünün üzerinde yükselen bir dağın cephesinden fışkıran bir tanyerinin mutluluğu üstüme dökülüyor. Mesafeleri kestirilemez kılan bu gül rengi ışık, oradan geliyor... Hiç bu kadar uçsuz bucaksız ve insanın içini sevinçle dolduran bir açıklık görmemiştim! Nasıl edip de tüm bunları hiçbir zaman unutmayabilirim acaba? Bu muhteşem güzellikleri, ömrümün sonuna kadar hatırlamalıyım!

Göz alabildiğine uzanan bir sazlık, gri yeşil kristal tanelerine benzeyen tohumlarını saçarak tekerleklerimizi sarıyor; güneşte titreşen bu zengin bitki örtüsü biraz ileride çeşit çeşit başka yaban çiçeklerine, yaban zakkumlarına ve çiçek açmış bodur çalılara dönüşüyordu. Aman tanrım! Bu tertemiz havada, bu güzel şafak vaktinde insan kendisini ne kadar da tazelenmiş ve güçlü hissediyor! Birdenbire doğa üstü, inanılmaz yoğunlukta sarı, göksel bir ışık -sanki olağanüstü güçlü bir lamba-, yeryüzünün bu köşesini, alabildiğine aydınlattı; yoğun bir sis tabakasıyla örtünmüş bulunan tatlı eğimli tepeler, üzerlerindeki tüm çakıl örtüsüyle birlikte, yarı saydam bir görüntüyle çevremizde belirdiler. Hani sanki yakınlarda bir yerde bir grup su perisi, kollarını alabildiğine açmış ve yukarı kaldırmış, kendilerini çevreleyen doğaya ve tüm güzelliklere tapınır gibi hoplayıp sıçrayarak ve dans ederek, dönüp duruyordu...

Güneş yükseldi. Az önceye dek silik olan çizgiler, sanki saydam bir zümrüdün arkasından bakılıyormuş gibi belirginleşti. Gökyüzünden akan koyu maviler, solumuzda -batıda- yerlerini sanki altın ve gümüş alaşımı bir renge bırakarak silikleşti. Az sonra da çevredeki tüm görüntüler, ihtişamlarının doruğuna çıktı: Her ağaç, her kayalık, uzaklardaki tüm ayrıntılar, ışıklar saçarak bütünleşti; bu sanki bir savaşa, ama aynı zamanda da şakıyan kıvılcımların dansına benziyordu: Bu, taşların, yeşilliklerin ve kumların, adeta bir elmasın ışıltılı görüntüsüne dönüşen bir birlikteliğiydi.

Tek tük yaban gülleri de bu olağanüstü müziği tamamlayan bir allegroyu andırıyordu...

Ama bunların tümü de mi aptaldı? Nasıl da çirkin görünüyorlardı! Sourine, ağzı sanki rüzgar vurmuş tavuk kıçı gibi açık, Cebet'in omuzuna dayadığı yanağı içyağı rengine dönmüş, derin bir uykuda!.. Cebet'in ise, başı öne eğik, gri astragan kalpağı burnuna kadar inmiş, katran sürülmüş gibi tuhaf bir renk almış olan sakalları uzamış çenesi göğsünde, düzenli bir mi bemolle üfleyen ağzıyla, o da derin derin uyuyor... Zavallı Serdier ise en şanssızımızdı: Dün verilen o on dakikalık mola esnasında, bir sepet dolusu yeşil üzüm aldığımız köyün girişinde -yola çıktığımızdan beri yiyebildiğimiz tek şey, bu üzümlerdi!- bir arı tarafından, tam da ağzından sokulmuştu! Şimdi, hâlâ çok şiş olan dudağıyla, sanki pek rahatsız bir çocuk uykusundaydı.

Ben de, herhalde ter ve tozdan dolayı iğrenç bir hal almış olan saçlarımla, rüzgardan ve soğuktan tutulmuş boynumla, hınzır ve yaramaz bir çocuğa benziyordum: O kargaşanın ve karanlığın içinde, bir eşarp diye, Cebet'in yedek pantalonunu alıp boynuma dolamıştım...

Yine de her şey yolundaydı: Cebet, şaşkın gözlerle etrafa bakınıyor, Sourine gerinirken bir yandan da esniyor, Pierre de büzüldüğü yerden doğruluyordu.

- Çevrenizde her şey böylesine olağanüstü güzelken, yine de böyle horul horul uyumaya utanmıyor musunuz?

Hiç kimse cevap vermedi. Tepeleme doldurulmuş düzensiz yüküyle, her tarafını kaplayan kurumuş çamurlarla tam bir şeytan arabasına benzeyen aracımız, taşlı patikada ilerleyerek, kaderini izliyordu. Artık iyiden iyiye uyanmış olan Serdier bana döndü ve gözlerini kırpıştırarak mırıl-dandı:

- Sırf sormuş olmak için soruyorum: Sadece bir fincan sıcak kahve uğruna, çevrenizdeki tüm şu olağanüstü güzelliklerden vazgeçmez miydiniz?

İki derviş, önlerinde yerde duran iki uzun neyi alıp üflemeye başladılar ve sessizliği yırtarak bölen, kulak tırmalayan, rahatsız eden bir müzik sesi yükseldi: Yeniden başlıyorlardı. Üç sayana kadar hepimiz bu tekdüze sese kapılmış, bu içinde bulunduğumuz sefaleti, kişisel kaygılarımızı ve yazgımızı, unutmuştuk.

Henüz bir saat önce, bozkırda kaybolmuş, kaçışımızın güçlüğünden ötürü kaygılı, doğru yolda olup olmadığından emin olamayan ve güneşten, nefeslerimizi kesen tozdan ve bitip tükenmek bilmeyen sonsuzluktan ötürü bunalmış, küçük ve yoksul bir grup yolcuyduk. Ama sonra, birdenbire, uzaktan terk edilmişe benzeyen, ama duvarlarının arasında hiç de azımsanamayacak sayıda kalabalık bir müritler ve Mevleviler topluluğunu barındıran tekkeyle karşılaşıverdik. İşte, az öncesine kadar kaçmak için sabırsızlandığımız bu toplumun bir kesitini şimdi büyük bir merakla iizliyor ve tanımaya, öğrenmeye çalışıyorduk...

Hepimiz tekkenin camisinin birinci katındaki, mekânı çepeçevre, adeta bir kuyu bileziği gibi çevreleyen balkonun kenarlarına dirseklerimizi dayamış, sanki bir tiyatro sahnesinin perdesinin kalktığı anı izler gibiydik.

Epeyce kalabalıktılar. Toplam on sekiz kişiydiler. Kalın, beyaz aba kumaşından dikilmiş iki parçalı bir elbiseleri vardı: Ancak bel hizasına kadar inen birer yelek ve alabildiğine bol birer etek. Bir çoğu, bunun üzerine bir de odun talaşı renginde, aslında hiç de gerekmeyen birer üstlük taşıyordu. Sadece bir tanesi -herhalde postnişin- dikey çizgili bir entari giyiyordu.

Müziğin temposuna uyarak birbirlerinden eşit uzaklıkta yerlerini aldılar, çıplak ayaklarıyla siyah beyaz mozaik zemini dikkatle yoklayarak ve sütunların arasındaki kemerlere uygun bir uzaklıkta yerleştiler ve üzerinde bizim bulunduğumuz balkona göre dikey bir alanda dikildiler.

Duruşları hiç de ayin yapan müminlere benzemiyordu: Çok çalışılmış ve otomatikleşmiş hareketlerle, sanki karşılıklı bir mücadeleye hazırlanan askerleri andırıyorlardı. Ne var ki Mekke yönünü gösteren ve duvara dikey olarak inen, özellikle boş bırakılmış, küçücük ve üzerinde beyaz bir vitray bulunan bir mekânın (*mihrabın- çn.*) hizasına geldiklerinde başlarını yumuşak ve değirmi bir hareketle omuzlarının üzerine eğiyor, sonra da yavaş yavaş, adeta ayaklarının üzerinde kayar gibi yerlerine doğru ilerlemeye başlıyorlardı. Beyaz vitrayın üzerinde, yerde iki büklüm oturan, yüzü sabun köpüğü gibi bembeyaz bir sakalla çevrili, sanki bir Acem minyatüründen alınmış, tanrısal bir ifadeyle önüne bakan bir ihtiyar resmedilmişti. Yüzleri kızarmış iki derviş, öbürlerinin dansına nezaret ediyordu.

Ba- la- la!.. Dervişler kollarını germiş, bir elleri yukarı dönük iken öbürünü sanki olgun bir meyve gibi her an düşecek izlenimi vererek bilekten aşağı, yere doğru sarkıtmış, ayaklarının ucunda, yavaşça dönüyorlardı. Sonra birdenbire, hepsi bir anda hızlanarak hep birlikte, kendi etraflarında giderek hızlanan bir tempoyla dönmeye koyuldular.

Müziğin teması değişmişti. Birbirini izleyen sekiz ile on nota çalınıyor, sonra aynı şey en kalından en inceye doğru değişen seslerle yineleniyordu (bu bir şarkıdan çok, sanki ıslıkla çalınmış bir melodi hissi veriyordu) ve on sekiz dansçı birden bu tantanalı, kaderci ve ağdalı sesle dönüyor, dönüyorlardı...

Hızla dönen eteklerin rüzgârı, bizlere kadar geliyordu. Cebet ile Durieux öylesine sarkmışlardı ki yanlarındaki taş sütuna tutunmasalar, neredeyse aşağıya düşeceklerdi. Onları öyle görünce ben, adeta bir yükseklik korkusuna kapıldım...

Dans daha da hızlandı. Çok kısa bir an süren sessizliği izleyen bir gong sesini, kenarda iki büklüm oturmuş iki dervişin, önlerindeki asma kabaklarına ellerindeki çekice benzer değneklerle vurarak çıkarttıkları sesler izledi. Haydi! Dönün, dönün! On sekiz topaçtan meydana gelen kabarık etekli çember, artık başı ve sonu olmayan tek bir bütün gibi görünüyordu. Mekân sadece üstlerindeki iki kol yanlara açılmış, altlar ise kabaran eteklerin meydana getirdiği görüntüyle dolmuş gibiydi.

Soluk soluğa kalmıştık; sanki ruhlarımız bu gösterişli ayinle birlikte bedenlerimizden uçup gitmişti... Adeta akrobatlar gibi kendilerinin efendisi ve kölesi olan bu dervişler, döndüler de döndüler...

Öylesine döndüler ki bir an gelip de hepsi birlikte durduklarında, zaman da adeta durdu. Dervişler mi? Camii mi? Dev birer çiçek gibi açan etekler mi? Hayır; bu sürekli hareketin verdiği fizikötesi duyguyla bu zaman ve mekân ötesi boyut, sonsuzluk hissinin verdiği inanılması güç boşlukta düşüyor gibi olma duygusunu alabildiğine pekiştiriyordu.

Arada bir duyulan bir ses, beni gerçek dünyaya geri döndürüyordu: "Hey, şu küçük yaşlı adama bak! Artık neredeyse gücü tükendi gibi!.." Gerçekten de önce gözleri buğulanan ve bakışları bulanıklaşan baş derviş, dönen eteklerden çıkan rüzgardan savrulmuş gibi eteğini esnek bacaklarının arasına ve altına toplayarak, gözleri yarı aralık, bir sütunun dibine çöktü ve elindeki eski bir tespihin tanelerini geçirerek, öylece kalakaldı. Onu birkaç dakika sonra öbürü izledi ve o da bir diğer sütunun dibine çömeldi. Şimdi bu dev çiçeğin taç yaprakları birer birer soluyor ve birbiri ardından çömeliyorlardı. Dönen dervişlerin oluşturduğu o görkemli ve dev çiçek soldu sanki...

Serdier, saatine bakarak mırıldandı:
- Dans etmeye başlamalarından bu yana yarım saati geçti!...

Ama bu inanılmaz dans, hayal dünyamda sürüp gidiyordu. Sadece, oturan yaşlı Acem minyatürünün görüntüsü, sanki Hz. İsa'yla özdeşleşmişti. Onun yanında da ufak tefek, çıkık çeneli bir keşişin baharat rengi suratı vardı. En çarpıcı görüntü, bu Acem minyatüründeydi. Mükemmel biçimde hissediliyordu ki bu kupkuru ve akıl dolu gövde, ne boşluk duygusuyla, ne de yorgunluktan güçten düşer: Kendi isteğiyle öne eğilmiş, başını da üzerindeki uzun ve çavdar sarısı fesle birlikte geriye doğru atmıştı. Elleri diğerlerininki gibi yumuşak bir şekilde yana düşmemiş, sanki o güzel Vaftizci Yahya'nınkiler gibi gergin, ileri doğru uzanmıştı. Ayakları, zemindeki yer karolarını belli belirsiz yoklayarak okşar gibiydi ve -kadifemsi bir parşömene çok canlı bir sulu boyayla renklendirilerek yapılmış hissini veren- gözlerinde buyurgan bir vecde gelmiş olma hali okunuyordu.

Büyülenmiş gibi bakan gözlerindeki bu cennet, bizleri de sanki esrik birer aşık gibi sürükleyip götürüyordu; bu harikulade bir cennet, gerçeküstü bir Nirvana idi; orada zaman durmuştu ve orada tüm çabalar boşunaydı; tamamen dünyayı parmaklarının ucunda döndüren, çeviren zihinsel ve deney ötesi (aşkın) bir burgaca, bir çevrintiye kapılmış gibiydik!..

Rahat bir şekilde oturmuş olan -istediğimiz gibi kıpırdayabilen- bizler, sunulan bu inanılmaz ve olağanüstü çabadan, gözlerimizin önündeki bu sanki dev bir kuş sürüsünün kanat çırpıntısı gürültülerini andıran seslerden ötürü tamamen sersemlemiş bir haldeydik. Sanki ruhu bu olağanüstü adamı önce terk etmiş, dönüp dolaştıktan sonra da tekrar bu gövdeyi bulup içine girmişti! Çıkıp giderken sanki geri dönüşüne dek onu daha da özgürleştirmek için gövdesini de birlikte götürmüştü... Sanki tanrısal bir ruh, gizli bir güç havayı titretir gibiydi. Aklıma, Mevlâna Celâleddin'in satır aralarında verdiği meseller geliyordu. Tanrı düşüncesinde eriyip gitmesini anlatırken kullandığı mesel hiç durmadan, kulağımda çınlıyordu:

- "Birisi, sevgilinin kapısını çalmış. İçeriden yükselen ses sormuş: "Kim o?" Adam "benim," diye cevaplamış. İçerideki, "bu evde hem bana, hem sana yer yok!" demiş ve kapıyı açmamış. O zaman dışarıdaki çöllere gitmiş, oruç tutmuş ve ibadet etmiş, mutlak yalnızlığının içinde tam bir yıl geçirmiş. Sonra geri gelip kapıyı bir kez daha çalmış. Aynı ses yine "Kim o?" diye sormuş. Ama bu kez, "Sen!" diye yanıtlamış dışarıdaki. O zaman kapı açılmış."

Bu kapkara gözlerin sevgi dolu bakışlarının açamayacağı bir kapı, varolabilir miydi?

Herhalde dinlenme arası bitmiş olacak ki çömelmiş bulunan o on yedi derviş, neyin üflenmesiyle birlikte yeniden ayağa kalktılar ve -kuşkusuz, aşama sıralamasına saygı göstererek- belli bir sıraya göre yerlerini alarak başlarını bir kez daha arkaya attılar ve çemberlerine uyumla yeniden dönmeye başladılar.

Acem minyatürüne benzeyen derviş, hep aynı ulaşılmaz görüntüsü ve havasıyla, ortadaki yerini aldı, temposunu da giderek yükseltti.

- Buraya geleli, bir saati geçti, diye homurdandı Serdier. "Gitmeliyiz... Bu yaptığımız, akıldışı bir şey ..."

Durieux, elini göğsüne bastırarak inledi:

- Artık dayanamıyorum, midem bulanıyor...

Ne yapıp edip bu gösteriyi terk etmem gerekiyordu. Aşağıda aracımızın motoru hırıldayarak çalışıyordu, içimden hayıflanarak çembere son ve dikkatli bir bakış fırlattım... Uzun fes ortada dönüyor, o güzel mi güzel yüz gülümsüyor, bu tuhaf saat kadranı hiç durmadan dönüyor, dönüyordu... Evet, son bir bakış.

Dışarıdakilerin sesleri geliyordu:

- Haydi! Haydi!

Küçük kafilemiz, yeniden çorak topraklar üzerindeki yolculuğuna başladı. Kaygan kumtaşı kayalarının arasından sonsuz ovada yol alırken, nesnel bir amaç izleyen hayattan yana bir koşu tutturmuştuk: İnsana özgü bir yaşam, ortalama ve sıradan insanlara özgü düşünceler... Peki ama onlar, geride bıraktıklarımız, o çemberlerinde dönmeyi bitirdiklerinde ne düşüneceklerdi? Bizim gibi sıradan insanların çok yabancı oldukları o kafalarından neler geçecekti? Ne diyeceklerdi? Neler yapacaklar ve neler umacaklardı? Biz bunları hiçbir zaman bilemeyecektik.

Biz burada neşeli kahkahalar atarak yol alırken o "mini minnacık Acem" acaba bitkin bir şekilde, bir sütunun dibine çökmüş müydü? İşaret parmağını alçak tavana doğru kaldırarak döndürüyor ve adeta bir zafer çığlığı atar gibi sesler çıkartan kalın ve kolalı kumaştan eteğini hışırdatıyor muydu? Daracık bir hücrede dinlenmeye çekildiğinde yerine ve zamanına göre kimliğine bürünebileceği birisinin, dahi bir sanatçının, bir düşünce şehidinin, bir korsan reisinin ya da Romalı bir tribünün, para babası bir kralın, bir çete reisinin, bir kaptanın ya da bir hükümet üyesinin yerine geçiyor muydu?

Ya da insanları mı yönetiyordu?...

Onlardan daha hızlı gitmiyorduk. Bir! Ki! Bir! Kiii! Grup uygun adımla yürüyor ve sayıyordu: Bir! Ki! Bir! Kiii! Arabamız da tozları kaldırıp çakılları fırlatarak cevap veriyordu sanki. Kimi zaman yanlarından geçiyor ve bu tozlu ayaklar ile bu zavallı suratları inceleme imkânını buluyorduk. Bunlar askere alınan gençlerdi: Askeri yetkililer bunları köylerden toplamış, uzak hem de çok uzak bir merkeze götürüyordu. Orada bunları giydirecek, eğitecek ve daha sonra da cepheye göndereceklerdi.

Ne kadar da gençtiler! Had safhada yorgunluğun ve zavallı bir kaderin çizdiği olgunlukla vurgulanan çocuk suratları... İnce gövdeli arap atlarına binmiş üç astsubay, yanındaki arkadaşıyla birkaç kelime konuşmaya ya da biraz ayak sürümeye yeltenenleri azarlamak için hazır, başlarında ve yanlarında gidiyordu. Bu yüz kadar genç adamın arkalarından ise, dişi bir eşeğe binmiş, fesine beyaz bir sarık dolamış yaşlı bir adam geliyordu. Eşeğini son sıranın hizasında tutmak ve onları geçmemek için belli bir özen gösteriyor, eşek tırısa kalktığı zaman onu engelleyerek sıraların sonundaki kareli gömlekli, iri yarı genç adamın yanı sıra yol almak için gayret ediyordu. Kimdi bu yaşlı adam? Burada ne yapıyordu acaba?

Yolumuz biraz genişledi. Batan güneşin sarı ışıklarının yerdeki çiçek tozlarından yansıdığı, askerlerin havaya kaldırdığı tozların da koyu sarı ve uçuk mavi bir bulut gibi yükseldiği bir vadiye girdik. Zavallı çocuklar, güneşin olanca acımasızlıkla yolladığı bu son ışıkları altında artık hiç de güzel görünmüyorlardı: Öylesine bıkkın ve sıkkındılar ki, birinin öbürüne bir şey söyleyecek hali yoktu. Tüfeklerini öylesine kaba ve gülünç bir şekilde tutuyorlardı ki, bunlar zorla sürükledikleri mutfak gereçlerine benziyordu.

Dünyadaki hiçbir halk, askerliğin korkunçluğunu Türk halkı kadar hissedemez. Korkunçluk mu? Aynı zamanda rahatsızlık. Dünya Savaşı sırasında asker kaçaklarının sayısı 200 bini bulmuştu Türkiye'de. Aylarca saman balyalarının arasında veya tavan arasında saklanmış, köylülerce gizlice beslenmiş asker kaçaklarının yakalanmasıyla oluşturulmuş alaylara, "şerefsizler alayı" adı verilmişti.

- Duuuur!

Tüm birlik, donmuş gibi çakılıp kaldı. Biz de iki kayanın arasından akan ve tozların arasında kaybolan incecik dereden su almak için durduk. Asker sıraları dalgalandı ve düzenleri bozuldu. Sanki bu sesle birlikte, onları ayakta ve birbirlerine hemen hep aynı mesafede bir arada tutan, ileriye doğru iten ve onlara asker görüntüsü ve havası veren şey dağılıp yok olmuştu. Oldukları yerde çömeliveren ya da bitkin ayaklarının üzerinde sallanan bu garip zavallılar, şimdi daha da perişan görünüyorlardı. Yırtık pırtık elbiseler, üzerlerinde bronz bir kafa bulunan paçavralar, ellerinde aşağı yukarı kafaları büyüklüğünde birer bohça ve suratlarına serin ve taze su vurmak için iki avuçlarını bitiştirecek kadar bile güçleri kalmamış, kirden kapkara olmuş eller... Kafasındaki fesin altında karanlık ve cam gibi bir bakış, hepsinde aynı anlamsız duruş, tıpkı yemesi için saman ve ot verilmiş hayvanlarda olduğu gibi ufka veya toz bulutlarının kalktığı yere doğru dikilmiş ve sabitlenmiş gözler...

Yeniden bir emir: İleriiii! Ama hayır, yeniden sıraya girmeleri hiç de kolay olmuyor! Bu omurgasız gövdelerin yeniden ayağa dikilip bir sırta ve bele, iki bacağa, askersi bir duruşa ve uygun adım yürüyüşe dönmeleri için bağırıp çağırmalar ve küfürler gerekiyor. Astsubaylar, tıpkı koyun sürüsünün etrafında havlayan köpekler gibi zigzaglar çizerek dört bir yana koşuyor, düdük çalıyor ve bu zavallıları bir düzene sokmaya çabalıyorlardı...

Tam bizler de arabamıza binmiştik ki o yaşlı adamın gençlerden birine sarıldığını, o kareli gömlekliyi bağrına bastırdığını ve başını asker oğlunun geniş göğsüne gömdüğünü gördük.

Kısa bir süreden beri bu sahneyi seyreden ve kuşkusuz kendisini sanki Attila'nın alaybeylerinden biri gibi gören bir astsubay, sinirli bir hareketle müdahale etti:

- Haydi! Haydi!...

Baba, yeniden eşeğinin üzerine bindi. Ama artık hareket etmiyordu; halsiz bir hareketle ağzını açtı, ama herhangi bir ses çıkmadı. Bakışlarını diktiği oğlu ise başını eğmiş, mavi ve beyaz gömleğinin içinde, arkadaşlarıyla birlikte o sonsuz toz denizinin içine dalarak ilerledi.

Yaşlı adam önce eşeğini ilerletmek için karnına topuklarıyla vurdu, ama eşek sanki bunun doğru olmayacağını anlamış ve sahibine de anlatmak ister gibi yerinde, hareketsiz kaldı. Genç çocuk yolda kaderine doğru ilerleyerek ağır ağır uzaklaştı ve gözden kayboldu. Yaşlı adam, iki kolunu oğlunun arkasından uzatıp kaldırarak, keskin bir sesle, bir hırıltı koyverdi...

Bu öylesine iç parçalayıcı bir çığlıktı ki hepimiz dönerek ona baktık ve kendimizi sesi kesilip de tükenene kadar da ona bakmaya devam etmek zorunda hissettik... Bu, yaralı bir kurdun çığlığı gibi, doğuran bir kadının inlemesi gibi, antik çağlardaki ücretli ölü ağlayıcılarınınki gibi bir sesti: Tüm yaşamım boyunca bu kadar iç karartıcı ve yürekten gelen bir beddua haykırması duymadım.

Tıpkı bir sığır ya da koyun sürüsü gibi sessizce, hiç konuşmadan yolu izleyerek ilerleyen gruba uzaktan tekrar baktığımda, o kareli gömlekli genç çocuğun başını sanki daha da eğdiğini görür gibi oldum. Sonunda onlar bir dönemeçte gözden kayboldular ve geriye sadece, yavaş yavaş dağılıp silikleşen bir toz bulutu kaldı.

Artık her şeyin bittiğini anlayan yaşlı adam kendisini olanca ağırlığıyla eşeğinin semerine bıraktı ve ince bir sesle ağlamaya koyuldu: İç parçalayan, tiz ve dokunaklı bir sesti bu. Eşek ise, sanki kendiliğinden geriye döndü ve sahibinin umutsuzluğu kendisine de bulaşmış gibi başını önüne eğerek evlerinin yolunda ilerlemeye koyuldu.

Güneş iyiden iyiye alçalmıştı; son bir gayretle üzerimize biraz daha ışık ve ısı yolladı, sonra manzara alacakaranlığın içinde silikleşmeye başladı, mora çalan bir sis ve siklamen rengi bir fon çevreye egemen oldu.

Ve daha sonra hiçbir şey... Yüksek bir kaya kütlesi bizi eşekten ve ağır yükünden kopartıp aldı. Geriye sevilesi bir mehtaptan başka hiçbir şey kalmadı.

...Ama, bize sanki hüzünlü bir melodi gibi gelen o ağlama sesini ve hıçkırıkları, hâlâ duyar gibiydik ... Bu ses, giderek alçalıp azalarak bu olağanüstü gecenin ve boşluğun içinde yankılandı, durdu...

Bu yolculuğun hiç mola vermeksizin tamamlanması, mümkün değildi. Yine yanlış bir yola saparak gayet aptalca, Kastamonu askeri kontrol noktasına yakalandık. Kısa bir şaşkınlıktan sonra belgelerimizi incelediler; ama bunların tümü de usulüne uygun olarak hazırlanmıştı. Peki, iyi güzel de, burada ne arıyorduk?

Durieux, utanmazca, yalan söyledi;

- Vallahi, sadece bir yurtiçi seyahat!
- İyi ama, Kastamonu'dan ancak Ankara uygun görürse ayrılabilirsiniz!
- Ohooo, size bunu bildireceklerdir; biz kışı burada geçirmek niyetindeyiz. Bu yakınlarda kiralık büyükçe bir villa var mı? Biliyor musunuz?

İkna olan askerler, geçmemize izin verdiler. Ama, ertesi gün karakola uğramamız gerekiyordu! Serdier mırıldandı:

- Ah tabii, ne demezsin!

Yine o çok sinekli lokantaya yöneldik. Her şey yolundaydı! Açlıktan ve yorgunluktan bitkin düşmüştük. Haşlanmış beyinleri, fırınlanmış kelleleri, biber dolmalarını, şaşlık kebaplarını, pilavları ve bir sepet siyah üzümü yiyip, üstüne de iki üç tane kahve içtikten sonra, uyumak üzere -uyumak mı? güleyim bari!- o bildiğimiz hana doğru yürüdük: Yüksek hoşgörülü bir iyimserlik içindeydik... Hey, arkadaşlar, hayat güzel, değil mi? Yine dört ayak üzerine düştük, ha?!.. Haydi Cebet, haydi gül biraz; o kocaman burnunu uzatıp somurtma! Yarın yapmamız gereken bir sürü önemli iş var, şimdi ise sıkı bir uyku çekmeliyiz...

Uyumak!

Gecenin içinde yürüyorduk ki bir takım sesler ve ıslıklar dikkatimizi çekti. Sanki birkaç dakikadan beri bir takım şüpheli gölgeler, duvar diplerinden bizleri izliyor, bir ortaya çıkıyor, bir kayboluyorlardı.

- Hey, Durieux! Sen de gördün mü? Dikkatli ol!
- Kaygılanma dostum, iyi bir uyku çekeceğiz...

Ama tam bu sırada Serdier, köşedeki küçük evin yanından çıkıp üzerimize doğru gelen bir erkek siluetini, adeta bir şimşek gibi atılarak sırtından yakaladı.

Hani filmlerde olur ya, işte tıpkı öyle, Pierre de hızla ilerledi ve belki de silahı bile olmayan adamın elini yakalayıp tabancasını burnuna dayadı.

Şaşkınlık. Böylece birkaç saniye geçti. Adam, bundan yararlanarak elini cebine soktu ve parlak bir şey çıkarttı. Ama çevresi onu sorguya çeken üç adam tarafından sarılmıştı. Adam:

- Sadece beyefendiden bir sadaka rica edecektim, diye tertemiz bir Fransızca konuşarak mırıldandı.

Sımsıkı yakaladığı eldeki brovning tabancayı işaret eden Pierre öfkeli bir sesle sordu:

- Ya bu? Bu da sadece birkaç kuruş sadaka için mi?

Adamı serbest bıraktık. Tehlikeyi atlatmıştık ve bu, yeterince iyiydi. Ama işi uzatmamak daha da iyiydi...

Gecenin koyu karanlığı içinde, yürüyüşümüzün güvencesi olan üç revolverin namluları parıldıyordu.

Tamam, oyunu, bu büyüleyici ve yoksul ülkenin kurallarına göre oynayacağız! Hepimiz aynı odada yatacağız, kapının arkasına barikat kuracağız ve uyurken bile silahlarımızı elden bırakmayacağız!

Beş gün! Evet, inanılır gibi değil, ama beş gün! Ruhlarını şeytana satmaya hazır gibi görünen toz toprak içindeki altı hayaletin küçük limanı yukarıdan gören tepeye tırmanmalarından ve neredeyse iki ay önce geldikleri bu daracık, ama güneşli sokakları yarı ölü gözlerle yeniden görüp hatırlamalarından bugüne tam beş gün geçmişti.

Kasabayı bir ağacın dalları gibi birbirine eklenerek ağ gibi ören ve dört bir yanda yeşilliklerle taçlanan sokaklar ıssız gibiydi: İnebolu, zaferi kutlamak için acele etmiyordu.

Şenlikler bizi pek ilgilendirmiyordu. Kafamız sürekli olarak ayakkabı boyacısı küçük çocuklara sorduğumuz sorunun cevabıyla ilgiliydi: "Denizaltı? Denizaltının geldiğini gördünüz mü?"

- Dün geri döndü. Sizi uzun süre bekledi. Sonrasını bilmiyoruz. Bildiğimiz tek şey geri gitmiş olduğudur."

Geri gitti ha! Ve biz, iki günden beri kaçmaya uğraştığımız bu büyülü yoksul ülkede, terk edildik! Dramatik jestler yapmaya meraklı ve hevesli insanlar olsaydık, hiç kuşkusuz kollarımızı uzatıp bu sakin, duru, ışıltılı, yüzeyinde altın sarısı ışıltılı küçük mavi dalgacıklar çırpınan ve son umudumuzu da dün yutan denize lanetler yağdırırdık ...

Ne yapılabilirdi? Hiç! Yapılabilecek hiçbir şey yoktu. Herhalde koskoca Karadeniz'i yüzerek geçmemiz mümkün değildi; artık uygar dünyayla aramızda hiçbir iletişim olanağı da yoktu! Kıyı boyunca Batum'a kadar yürüyerek gitmek de mümkün değildi. Ama yine de, başka hiçbir çözüm yolu bulamazsak yapmaya çalışacağımız şey buydu ...

Beş gün... Birileri bizim burada beş gün geçirmek zorunda kalmış olmaktan yakındığımızı duysa tepki gösterebilirdi: Ne? Bu güzel güneş imparatorluğunda beş güzel gün ha?! Beş gün! Peki ama, sonra? -Kuşkusuz hiçbir batılı, bu dayanılmaz işkencenin ne demek olduğunu bilemezdi: Yapacak hiçbir şey olmaksızın geçirilmesi gereken tam beş gün!..

Yapılabilecek hiçbir şey yoktu. Sabah olunca, güneşin ışıkları nedeniyle erkenden kalkılıyordu ve küçücük bir odada altı kişi birlikte yattığı için, insanın canı sadece bir tek şey istiyordu: Oradan çıkmak! Yan yatakta yatan arkadaşın şiltesinin üzerinden atlamak ve tüm otele sinmiş olan o korkunç kokuyu bir kez daha fark etmek gerekiyordu. Sonra, su kovası aranıyordu: Her gün yapılması gereken işlerden ilki!.. Helaya gitmek falan... Sonra da, geçirilmesi gereken bir gün daha başlıyordu! Okuyacak bir kitap, insanlarla iletişim kurabilecek bir olanak, yazı yazabilecek uygun bir masa ve vakit geçirmeyi sağlayacak bir meşgale olmaksızın geçirilecek bir gün daha! Cebet, "Kahveye gidelim mi?" diye soruyor ve bütün grup, hep bir ağızdan cevap veriyor: "Gidelim!" Sonra, hep birlikte, kahvehaneye yollanıyoruz.

Oraya vardığımızda her gün aynı güzel sürpriz: Koskocaman mavi bir deniz ve koskocaman mavi bir gökyüzü. Her tarafta alev alev yanan ışıltılar, çırpınan küçük dalgalar...

Hangi masaya oturmalı, diye yapılan tartışmalar. Eh, böylelikle hiç değilse bir beş dakika geçer!.. Bizleri izleyen casuslar da görev başında. Şu leylek boyunlu, uzun boylu, orada, tam karşımızda. Elindeki tespihiyle, gözleriyle bizi aralıksız izliyor. En gençleri, terasta, çocuklarla oynar gibi oyalanıyor. Küçük garson, kahvelerimizi getiriyor; herkes, küçük yudumlarla içmeye koyuluyor... Şu saatte Avrupa'da neler oluyor acaba? Ne gibi olaylar ve gelişmeler var? Ve biz burada her şeyden soyutlanmış durumdayız!...

Minnacık gözlü bir Türk, asmanın yanında, her zamanki masasına oturdu. Onu bir diğeri izledi, onu da bir başkası... Eh işte, ne kadar sıradan olursa olsun, bu bir hareket ve insanı beş dakika için olsa bile oyalıyor ... Güneş giderek daha da çok ısıtıyor ve dalgalar da çırpınmalarını sürdürüyor... Düşününce, şu anda fabrikalar işliyor, cadde ve sokaklarda sürekli hareket var, milyonlarca insan çalışıyor ve üretiyor... Kahve artık doldu. İnsanlar pek konuşmuyor; yaptıkları hemen hemen tek hareket, küçük fincanlarını almak için kollarını, ellerini uzatmaları...

- Cebet, saat kaç?
- Dokuzu çeyrek geçiyor!...

Öğleden sonra ne yapacağız? Dün, kıyı boyunca, denize yukarıdan bakan tepelerin üzerinden uzun bir gezinti yaptık ve komşu köye kadar yürüdük.

Bu bir Rum köyüydü ve bizim kaldığımız kasabadan tamamen farklıydı; sanki küçülen bir Türkiye'den çıkmış da minyatür bir Yunanistan'a girmiş gibi olduk. Gri ahşap ve pencereleri demir parmaklıklı evlerin yerini, bembeyaz ve içlerini saklamayan evler almıştı; ama o çok kendine özgü ve ilginç caminin yerine, pek sıradan bir kilise vardı. Ne var ki o yabanıl dilsizlik içersindeki hocanın yerine, bu kez uzun ve bukleli saçlarının üstünde tepesinde siyah, kare biçiminde bir parça bulunan tuhaf bir takke taşıyan, kolları pek bol bir çeşit entari giymiş, meraklı gözleriyle bizleri sohbete çağırır gibi bakan bir köy papazı vardı.

    Özellikle ortalıkta uluorta havlayan köpeklerin olmayışı; saklı köşelerde kümelenmiş ve biz yaklaşınca koşarak kaçışan çarşaflı ve şekilsiz yaratıkların yokluğu çok çarpıcıydı. Bunların yerine, açıkça görünen kadınsı bedenleriyle, açıktaki boyunları, saçları ve alınlarıyla ve yarı çıplak kollarıyla gerçek kadınlar vardı. Üç aydan bu yana küçük kız çocukları görmüyordum ve bir sokağın köşe duvarını döndüğümde çağdaş elbiseler giymiş, gülüşerek oynayan ve yanlarına gidilebilen, kendileriyle konuşulabilen neşeli ve irili ufaklı kız çocuklarını görüp, inanılması güç bir keyif almıştım. Ben de mutlaka onlara gülümsemiş olmalıyım ki daha bir dakika bile geçmeden yanıma gelip elimden tutan bir kız beni yapraklarla örtülü bir alana yönlendirmiş, mis gibi sabun kokan tertemiz ve güler yüzlü bir başkası da yanıma gelip etekliğime dokunarak, "Ruski, Ruski?" diye sormaya başlamıştı. Herhalde benim "Ruski" olmam çok hoşlarına gitmiş olmalıydı ki sorusunu başımı sallayarak olumlu yanıtlamamla birlikte, aradan henüz birkaç dakika geçmeden, etrafım bir sürü küçük, esmer kafayla çevrildi. Beni daha yakından görmek için itişip kakışıyorlar, minik elleriyle bana incir, ceviz ve henüz yeni kopartılmış taze çiçekler sunuyorlardı.

    Çok neşeli ve canlı bir topluluk halinde, köyün tüm sokaklarını dolaşıp da ana sokağa ulaştığımızda, kapısının eşiğine anaç bir tavırla oturmuş bir kadın içeri gelmem için eliyle işaret etti. Oraya yaklaştım: Her şey olağanüstü güzeldi. Kadın çabuk hareketlerle davranarak içeri gitti, bir dakika kadar sonra da elinde üzerinde serin içecekler bulunan bir tepsiyle geri geldi. Simsiyah bir mermer gibi parıldayan saçlarını ve bal rengi gözlerini daha iyi görebilmek için oturmayı kabul ettim. Bardağımı içip bitirdiğimde, daha isteyip istemediğimi sordu. Evet, evet! Daha! Böylelikle onun pembe altına benzeyen kolunu, esnek ve dolgun vücudunu görmek, ıslak dudaklı zarif ağzını ve uzun kirpiklerini izlemek için yeterince zaman kazanmış oldum. Ama artık sadece onun güzelliğine bakmama imkân verecek herhangi bir gerekçem kalmadığı zaman, çevremizi almış olan meraklı kalabalığa dönerek sordum: Acaba bu küçük Rum köyü halkının komşuları olan Türklerle ilişkileri nasıldı? İyi geçinebiliyorlar mıydı?

- Tam bir felaket, diye cevapladılar. Zaman zaman evlerimizi, bazen de tarlalarımızı yakıyorlar; bize sanki düşmanlarıymışız, sanki vebalıymışız gibi davranıyorlar...

Güzel Rum kadın, kirpiklerini kırpıştırarak doğru söylediklerini onaylıyor, gözkapaklarını her açıp kapayışında sanki iki mücevher görünüp kayboluyordu.

Sırf konuşturabilmek için özellikle ona dönerek sordum:
- Sizin, özel olarak sizin yakınmanızı gerektiren ne oluyor?
Gülmekten kıkırdayarak cevapladı:
- Oh, benim kişisel olarak yakınmamı gerektiren özel bir şey yok!... Tam tersine...

Daha az güzel birisinde bu kahkaha bir hayli sıradan ve avam kaçabilirdi; ona, söylediklerini pek de iyi anlamadan bakıyordum. Beni ceylan bakışlarıyla süzüyor, başını devirerek güneş yanığı tenli o uzun boynundaki gümüş elişi bir kolyeyle oynuyor, kulaklarındaki mercan küpeleri sallayarak küçük kahkahalar atıyordu. Çirkin, ince bir boyunbağı, vücuduna yapışan ipekli kumaştan elbisesini tamamlıyordu.

Ne var ki az sonra çevremdeki küçük kızların safiyane açıklamalarından ev sahibemin köyün namlı orospusu olduğunu anlamış bulunuyordum. Ne var ki bu, ailelerin kız çocuklarının onunla görüşmesini engellemesine yol açmıyordu; tam tersine, hemen hepsi de bu kadından övgüyle ve çok güzel sözlerle söz ediyorlardı.

Belki de yirminci kez soruyorum; bu öğleden sonra ne yapıyoruz? Yani o Rum köyüne de her gün gidemeyiz, değil mi? Gözlerimiz hiç aralıksız bir yelken, bir baca, bir periskop arayarak deniz yüzeyini tarıyor...

- Ben gidip sigara alayım, diye atıldı Serdier.. Pierre de, "İyi fikir," diye cevapladı ve hop, işte ayaklandık. Erkek arkadaşlarımızda tekrar ayağa dikilmiş, oturmaktan uyuşmuş bacaklarını gererek açmış olmaktan, sanki bir iş yapıyormuş gibi görünmekten duydukları mutluluk açıkça görülebiliyordu. Hasır örme taburelerini eğri büğrü zemine gürültüyle koyarken, sanki onları parçalamak istiyorlardı...

Haydi, gidip sigara alalım! Bu, bizi beş dakika daha oyalar ve bize çok zavallıca da olsa, sanki bir iş yapıyormuşuz hissini verir... İşte, daracık sokaklarda sanki treni kaçırmamak için koşuşturuyoruz.

Köyün sıcaktan bunaltan ortamında, küçük bir dükkanın yanına geldiğimizde Sourine, denizin üzerinde hiçbir şey yok, diye homurdandı. Altı çift göz, geniş bir görüş alanını, dikkatle taradı. Hiç, ama hiçbir şey yoktu; deniz önümüzde uçsuz bucaksız ve bakir bir yapayalnızlıkla uzanıyordu. Sarkık dudaklı ve tespihli casus da arkamızda dikiliyor ve biz yeniden gamsız yürüyüşümüze başlamadan önce, o da dikkatle denize bakıyordu.

Manavın dükkanına bir laf olsun ziyareti, caminin çevresinde amaçsız bir tur, dönercinin önünde son bir duraklama ve işte sadık casusumuz arkamızda, bir kez daha kahvehanenin terasındayız. Uzun uzadıya nereye oturacağımızı tartışıyoruz, sonra alçak ve küçük masanın etrafına otururken Cebet uzun bacaklarını daha da uzatıyor ve küçücük garsonumuz bize fincan fincan kahve getirmek için aceleyle seğirtiyor...

- Saat kaç? Bu soru grubumuzda sanki bir parola gibi yineleniyor artık. Of! Bu sorunun cevabını vermek için saate bakmaya bile gerek yok. Hani neredeyse saat ona geliyor. Bu, kahvehanenin tamamen dolduğu saat. Köyde kadın, çocuk ya da dışlanmış bir ihtiyar olmayan ve cebinde birkaç kuruş bulunan, azıcık da olsa bir tutam saygınlığı, ama hamal, ayakkabı boyacısı veya dilenci olmayan herkes, kısacası "adam yerine koyulabilen" bütün erkekler, kahvehanenin terasındaki yerlerini almışlardı. Bütün bu insanlar ya ağızlarında bir nargile marpucu ya ağızlıklarının ucunda birer sigara; ya taburelerinin ya da duvar boyunca yan yana dizilmiş sıraların üzerine bağdaş kurmuş, önlerindeki kahve fincanlarının biraz soğumasını bekleyerek; ya tömbekilerin üzerindeki yanık kömürlerin kıvılcımlarına ya da o uçsuz bucaksız denize ve dalgalara bakarak ne beklediklerini de bilmeden öylece bekliyorlardı...

Birdenbire kahvehanenin terasının girişinde bir hareketlenme oldu ve ayakkabı boyacısı çocuklar, arkası sıra tuhaf bir şekilde giyinip örtünmüş tuhaf mı tuhaf birisini de beraberinde getiren yaşlı bir adama yol verdiler. Bu bir adam mıydı, kadın mıydı, yoksa tuhaf bir maymun muydu? İpince ve uzun bir boynun üzerinde sütlü kahve rengi, gerçekten de maymuna benzeyen bir kafası ve güzel Kıptî gözleri vardı; çepeçevre sarı pullarla süslü açık mor bir bolero yelek, yırtık ve yer yer lekeli ipek bir gömlek ve topukları aşınmış terliklerinin yeşil sayasının üzerine kadar inen, eski püskü bir kadife etek giymişti.

Bu tuhaf yaratık, kenarlarında ziller bulunan bir tefi çalmaya başlayınca kahvehanenin müşterileri yerlerinden kıpırdandılar, hepsinin de gözleri parladı, küçük garson hemencecik seğirtti, ayakkabı boyacıları dalgalandılar ve kalabalık da terası çevreleyen duvarın ve çitin üzerine birikti.

Biz ise şaşkın, birbirimize baktık. Yaşlı adamın elindeki tefi çalmaya başlamasıyla birlikte o küçük yaratık kıvrılıp büküldü, bir kolunu kaldırdı, kıçını kıvırdı ve bir eliyle eteğinin ucunu kaldırarak kasları fırlamış, kıllı ve korkunç çirkin bir bacağın görünmesini sağladı; gülümsedi, sallandı ve bir yandan sanki birkaç tango adımı atarken, beri yandan da göbek dansı yapar gibi çalkalandı...

- Bu bir kadın! dedi Durieux.

- Delirmişsiniz siz! diye itiraz etti Serdier; "bu, küçük bir çocuk!"

Kız ya da oğlan, bu çocuğu izlerken yüreğim sıkıştı; bu cinsi, cibilliyeti belirsiz, acınacak bir yaratıktı. Dansının rüzgarıyla adeta tamamen çıplak kalan kambur göğsü, tıknefes, adeta fırtınada bir kayığın karinası gibi inip kalkıyordu. Başını şehvet uyandırmaya çalışan bir vurguyla ve ona ayak uyduran el kol hareketleriyle eğiyor, acınacak kadar iğrenç ve rezil bir şekilde gülümsüyordu. Ama orada bulunan herkes, belli ki benimle hemfikir değildi: Her zaman olduğu gibi az önceye dek sırtlarını duvara vererek kıpırtısız oturan o yaşlı Buda'lar kıpırdandılar ve yaklaştılar, kömür karası gözleri sanki bir el körüğü harekete geçirmiş ve üflemiş gibi parladı, koyu kösele rengi yanaklarında kırmızı birer hale belirdi ve sahnedeki heyecana ellerini çırparak katıldılar...

Çocuk nefes nefese ve tamamen dağılmış bir halde sıraları dolaşıp herkese el avuç açmaya başlayınca, daha fazla dayanamadım ve başımı çevirdim.

... Ve kahvenin terası yeniden eski dinginliğine döndü; az önce dansı alkışlayan herkes, eski konumunu aldı. Denizin üzerinde milyonlarca köpük belirdi ve gökyüzü birdenbire karardı. Cebet uzun bacaklarını daha da uzattı, Sourine esnedi ve Serdier'in hülyalı sesi, sanki sonsuz uzaktan geliyormuş gibi ulaştı:

- Saat kaç?...

Gemi son bir kez sallandı. Hepimiz, dirseklerimiz küpeşteye dayalı, tüm güzelliğiyle önümüzde duran küçük Türk limanını seyrediyorduk. Yüzlerimiz, bir çok ortak çizgiyi barındıran bir gülümsemeyle mutluydu: Tehlikeleri atlatan herkes gibi neşeliydik; bu neşenin altında biraz da Ankara yetkililerinin alıkoymalarından kurtulmuş olmanın alaylı keyfi vardı; sanki maç kazanmış sporcular gibiydik; ama bir yandan da, bağrında tüm yanılsamalarımızı saklayan bu büyüleyici yoksuldan uzaklaşmanın getirdiği yürek sızısı da vardı...

Eğer cesaret edebilseydim, bu neşemizin kaynağında, çok önemli ölçüde de hemen elimizin altında rahat koltukların bulunduğunu bilmenin, aylardan bu yana ilk kez rahat bir banyonun tadını çıkartabilmiş olmanın, tertemiz çarşaflı rahat yatakların, elektrik lambalarının, bardaklardaki biraların ve pırıl pırıl musluklardan sadece biz istediğimiz zaman akan suların bulunduğunu itiraf edebilirdim...

Serdier elini uzattı ve parmağıyla küçücük beyaz sokakların kargaşasında güçlükle görünen yeşil pencereleri gösterdi:

- Bak! İşte orada!

Evet, gerçekten de orası, denizin çırpınan dalgacıklarına saatlerce baktığımız ve sulardan hiçbir zaman çıkmayan bir periskobu bekleyip arayarak bir daha uygar bir ülkeye gidebilmekten tüm umudumuzu kestiğimiz mekândı!...

- Hani ilk gelişimizde bize denizaltının her onbeş günde bir gelip bizleri beklediğini ve böylece defalarca gelip gittikten sonra artık bir daha dönmemek üzere gittiğini söylediklerindeki düş kırıklığımızı anımsıyor musunuz Cebet?

Buradan seçilemeyen küçük bir pencereden her bakışımızda gördüğümüz, biz "evde" iken bahçe parmaklıklarının orada bıkıp usanmadan bekleşen ve her adımımızı izleyen "gammaz" sürüsünü hatırladık. Ama bu sabah şafak vakti, o küçük pencereden baktığımızda bizi alıp götürecek olan İtalyan gemisinin bacalarını gördüğümüzde ilk umut çığlıklarımızı günlerdir barındığımız o korkunç kötü kokulu odada atmış ve ne pahasına olursa olsun gitmeye, o berbat yerde karar vermiştik.

Uzun bir düdük sesi duyuldu. Gemi, biz fark etmeksizin hareket etmiş ve gökyüzünün yansıdığı aynasında kayarak yol almaya başlamıştı. Şimdi Trabzon yönünde ilerliyorduk: Batum'dan önce sadece oraya uğrayacaktık ve iki gün boyunca kıyıyı izleyecektik.

Yanımdaki yol arkadaşlarım, keyifle çevrelerini süzüyorlardı. Bakacak ve düş kuracak o kadar çok şey ve sebep vardı ki! Başlarımızı eğip bakışlarımızı aşağı çevirdiğimizde, deniz yüzeyindeki inanılmaz sayıda denizanasını görüyorduk. Gemimiz ilerledikçe daha da artıyorlardı sanki; kıpırtılı bir sedefe benzeyen yüzeyde bin bir değişik ve gerçek dışı şekle bürünen çiçekler gibi salınıyorlardı ve dalgalanan koskocaman ve uçsuz bucaksız bir papatya denizinde yol alıyorduk.

Kafalar kaldırıldığında, inanılması güç bir değişimin ortasında yaşandığı görülüyordu... Birkaç saat öncenin parlaklığının, bakır rengi yansımaların, lâl rengi ve yakut kırmızısı harelenmelerin yerini, boylu boyunca içine daldığımız dile sığmaz ve sözcüklerle anlatılamaz bir ortam almıştı. Hava sanki opal rengi, doğuya özgü sedef incisi rengi... ama hayır, hayır; bu, bilinen hiçbir renge benzemeyen bir renkti! Dahası, bu bir renk değil, insanı çarpan bir dalga, madde ötesi bir soluk, kuzey ülkelerine özgü bir şafaktı. Artık ne deniz, ne deniz anaları, ne ufuk ve hatta ne de gökyüzü vardı: Sürekli izlememiz gerektiği söylenen kıyı bile uzun süreden beri gözden kaybolmuştu; zaman zaman ve yer yer sulardan sıçrayarak bir beliren ve eğik bir dalışla yeniden kaybolan yunuslar da olmasa, gerçek bir dünyanın varlığından kuşku duyulabilirdi... Bu dalışlardan sıçrayan sular onu izleyenleri, bulanık renkli bir fonu delip geçen dev virgüller gibi uyandırıyorlardı...

Türkiye, yeni Türkiye,... sen de artık şimdiden bir anıdan başka bir şey değilsin; peki ama seni perdeleyen çarşaflar ve peçelerle mi betimleyeceğim? Seni anlatırken senin şiirinden başka bir tarafını görmeyen şairler gibi mi davranmalıyım? Yoksa kendimde senin ilkel, barbar, kendi halkının içinde çarmıha gerilmiş ve tek kelimeyle söylemek gerekirse o büyüleyici yoksul ülke olduğunu söylemek cesaretini bulabilecek miyim?

Öylece, dolaşıyoruz. Ne karadayız, ne de suyun üzerinde. Bu, hava ile sıvı arası bir şey. İçinde hareket edilebildiği için katı olmadığını bilebildiğimiz ama betimleyemediğimiz, adeta düşsel bir ortam... Bu, İtalyan ressamların büyük duvar tablolarında görülen Bakire Meryem ile ona eşlik eden meleklerin üzerinde yürüdükleri bulutlardan zemin gibi bir şey... Kayıyor muyuz, dalıyor muyuz, yoksa bir eter bulutunda mı yüzüyoruz? Belki de bu, sadece ölüm anında hissedilebilen bir şey... Ama belli ki bu belirsizlik içinde el yordamıyla yol alma duygusu insanı bulunduğu ortamdan çekip alıyor ve bir bilinmezliğe götürüyor...

Şerbet gibi bir hava, pembe inci rengi bir izlenim veren atmosfer, derin bir soluk gibi ferahlatan ortam ve eğer becerebilip de nasıl ifade edebileceğimi kafamda tasarlayabilsem, söyleyebileceğim bir tek şey var: Mutluyum!.. Evet, cennet denilen şey bu olmalı! Ama gerçeği söylemek gerekirse bu düşünce ve duygularımın hiçbirini kafamda sözcüklere dönüştüremiyorum ve kendimi, hafiflemiş ve martıların kanatlarında göğe yükseliyormuşum gibi hissediyorum! Ah, evet! Bütün dünyaya karşı hoşgörü, şefkat ve iyi duygular içindeyim... Bu insanın ruhunu besleyen bir umut!

Bu yumak yumak ve dağınık ufkun önünde, bu yarı saydam beyaz ışığın altında, adeta bir kuşatılmışlık duygusu şekilleniyor ve insanın içinden, kollarını kocaman açarak her şeyi kucaklamak geliyor... Tam bir teslimiyet... Ama, bu başka türlü olabilir mi?

O da neyin nesi? Geminin arkasındaki yanardöner ışıklı duvar yırtılıyor. Orada, yukarıda, kıpkırmızı olmuş metalden bir yarık beliriyor. Bu yarık büyüyor, genişliyor ve akkor halinde bir fıskiye gibi, erguvan rengi, lâl rengi bir çağlayana dönüşüyor ve denize dökülüyor... Bu, koşar adım yayılıyor; ateşten daha korkunç, kandan daha kırmızı ve gören ister istemez dikiliyor; bu görüntü insanın kalbine ürküntü dolduruyor...

Haydi, ilerleyelim. Daha küpeşteye kadar gelmeden, adeta taş kesiliyoruz. İnanılmaz büyüklükte ateşten bir gayzer, denizden dikey bir sütun gibi fışkırıyor ve her iki tarafından erimiş yakut rengi bir örtüyle perdelenmiş gibi bir uçtan öbürüne, yayıldıkça yayılıyor. Bu rengin yansıması dört bir yana vuruyor. Maun ağacından yapılmış gibi duran kaptan köprüsü ve iki tane cankurtaran sandalı görüşümüzü sınırlandırıyor; bu sırada bizim sevgili Cebet'imiz, gözleri fal taşı gibi açık, pişmiş toprak rengi yanaklarıyla gülümseyerek bizlere doğru geliyor.

... Dünya, erkeklerin dünyası; sana sadece hoşgörüyle bakmak yetmiyor, bir de üstelik kızıl bir tapınma gerekiyor

İstisnasız tüm gemi, eşi görülmedik bir törenin yapılmakta olduğunun farkında gibiydi: Tümü de birbiri ardından geliyorlardı; Pierre, Serdier, Konstantinopl'den binmiş Rus kadın, çiğ renkler ve alev alev pembeler giyinmiş kadınlar... Sanki bakır bir zırhın içinde gibi görünen kaptan, sanki az sonra çılgın bir orkestra şefine dönüşecek ve kanlı bir senfoni sunacak...

Böylesine dorukta bir tantanadan ve Wagner'inkileri andıran eşi görülmedik mücadeleden kimler keyif alabilir? Bu, neredeyse dayanılmaz bir hal alıyor. Kuşkusuz bulutlar yırtılacak ve bize kim bilir nasıl harikulade bir düğün töreni izletecek?! Ya da insanüstü, mükemmel bir savaş sahnesi; çünkü binlerce vücut gözlerimizin önünde, mahşerin balıklarının yüzdüğü ve çok iri, yarı saydam mercan kayası adacıklarından yontulmuş canavarların bulunduğu çalkantılı nehirlerde kaynaşıyor... Az sonra, birkaç saniye içinde dünyanın bilinmezliğine ilişkin son söz söylenecek ve biz, bizleri buraya neden getirdiklerini tam olarak kavrayamayacağız! Hayır, eğer okyanus uçsuz bucaksız bir neşe ateşine dönüştüyse ve biz, hepimiz, tüm beklentilerimizi bileyerek bir şeylerin şekillenmesini bekliyorsak bütün bunlar bir hiç uğruna olamaz...

Bu inanılmaz büyüklükteki vaatten geriye, denizin üzerinde bir ırmak gibi akan upuzun acılardan başka bir şey kalmadı; artık tanrısal yıldızlar da yok. Güneş, gözlerimizin önünde ufuktan denize doğru yol aldı. Deniz, bazı yerlerde çırpınarak dalgalanıyordu ve uzaklarda, sanki menekşe rengi bir elbise giymiş gibi dansediyordu. Rüzgar bizleri biraz serinletti; orada, uzakta, Asya kıyıları yemyeşil uzanıyor. Hava duru, tatlı, ılık ve biraz da öldürücüydü...

- Yarım saate kadar Trabzon'u görünecek, diye mırıldandı Cebet. Başında, ortancalardan yapılmış bir taç taşıyan bir aziz kadar güzeldi. Gerçekten de teknemiz bizi Asya kıtasının bu en güzel noktasına, yağ gibi kaygan denizin üzerinde mavimtrak ve köpüksü bir iz bırakarak, adeta bir kuğu gibi süzülerek getirdi. Önce bembeyaz ve zarif evler göründü, bunu birbirine dolanarak tepelere kadar yükselen irili ufaklı pek çok güzel sokak izledi: Kent adeta bir anfitiyatro gibi dağın yamacına kurulmuştu.

İçinde küçük ve rengarenk kayıkların bulunduğu liman, olağanüstü güzeldi. Pembe renkli ve sakin bir rıhtım, çam ve palmiye öbekleri, yüksek servi ağaçlı yollar, sanki yeryüzünün lacivert karanlığına saplanmış tunç kamalar gibiydi. Yukarıda beyaz portiklerle süslü koskocaman bir köşk ve peri masallarında anlatılanlar gibi merdivenleri görülüyordu. Bütün bunlar giderek daha da belirginleşti; zengin yeşillikler ve zeytinlikler, ağır koşumlu atlar bağlanmış arabalar, limanın sakin sularında tatlı tatlı sallanan filikalar daha net ve açık göründü ve akşam alacasında bu görüntüler, gerçekte olduğundan daha da gönül çelen idi.

Ben ki dünya üzerinde pek çok ülkeyi gezdim ve gördüm; bana "sence en seçkin, en büyük mutluluk ülkesi neresidir?" diye sorsalar, hiç tereddüt etmeden, "Burası!" derdim.

En yüce dünyevi mutluluğu hissetmek ve kutsal bir güzelliğe dokunmak için, bu ülkenin koskocaman bir bölümüne hâkim manzaralar sunan bu yolda, bu çam ağaçlarının altında yürümek gerekirdi; bu cennet parçasından inanılmaz bir keyif almak ve sadeliğin güzelliğinin ne olduğunu anlamak için şu hafifçe gölgeli, kendi halinde ve alçakgönüllü kahvehane bahçesinde oturmak; kalbinin derinliklerinde o eşi görülmedik kutsanmışlık duygusunu hissetmek ve gözlerini varolmanın o eşsiz hazzına dikebilmek için bu safran sarısı güllere, bu ılık maviliklere, bu taze filizlerin açık yeşillerine, bu çiçeklerin kırmızılarına, bu meyvelerin kırmızılarına karışmak gerekirdi... Doğanın o eşsiz tatlılığını hücre ve liflerinde hissedebilmek için şu çapanın yanında o kadife yumuşağı kumlara oturmak, palmiyelerin uzayan gölgelerinde serinlemek, küçük dalgaların birbiri ardından gelip kıyının safir rengi örtüsünde dağılmalarını izlemek gerekirdi...

Arkadan yanıma yaklaşan birisi, elleriyle gözlerimi kapatarak sordu:

- Bu plajı gördünüz mü?

- Elbette sevgili Cebet.

Gerçekten de O'ydu. Bu sevgili dostumun bana ne söylemek istediğini anladım ve onun o dost, kardeş sıcağı elini kavrayarak sıktım.

- Bakın, şurayı görüyor musunuz? Esmer parmağıyla, küçük koya hâkim konumdaki tepeyi gösteriyordu.

- Görüyorsunuz, değil mi? (Elbette görüyordum; ama sanki açık, soluk renkli, zakkum çiçeği renkli bir leke gibiydi... Bir gezinti yolu, bir yeşillik öbeği, bir kaç kayalık ve köye doğru uzanan bir patika...) İşte, geçen yıl yirmi üç zavallı yoldaşımızı oradan denize attılar ...

- Yirmi üç, ha!*

- Evet, Türk polisi bu yirmi üç işçinin komünist fikirlere sahip olduklarından ve bunları yaymaya çalıştıklarından şüpheleniyordu. Aslında bu doğruydu. Arkadaşlarımız buraya, bir kongre toplamak için bin bir güçlükle gelmişlerdi. Polis onları yakaladıktan sonra Trabzon'a adeta kurbanlık koyunlar gibi getirdi ve linç edilmeleri için insanların önlerine attılar. Sonra onları bu plaja sürüklediler... ve... daha sonra ne oldu biliyor musunuz?

Cevap veremiyordum; Bakışlarım günün son ışıklarıyla yıkanan bu plaja takılmıştı: Orada bir çok çocuk, sanki minik bir serçe sürüsü gibi kaynaşıp oynaşıyordu.

- Eh, işte! Onları sımsıkı bağladılar, çuvallara soktular, bıçakladılar ve yamacın üzerinden...

Cebet'in sesi boğuklaştı ve boğazında düğümlendi; birdenbire döndü ve geniş adımlarla geminin arkasına doğru yürüyüp gitti.

Demir atıyorduk. Gemi biraz sallandı, gitti geldi ve en sonunda durdu.

Gece iniyordu. Azalan ışıklar evlerin görüntülerini silikleştiriyor, ayışığı yükseliyordu. Yeşilliklerin renkleri büsbütün koyulaştı ve kente sanki erimiş kurşun aktı.

Kim bana bu derin düşüncelere dalmış lacivert lavanta rengi suların, ruhları etrafımızda dolaşan yirmi üç yoldaşımızı yutmalarını açıklayabilir?

---

* Mustafa Suphi ve yoldaşlarından söz ediyor. M. Marx'ın bu konuda verdiği bilgiler doğru değil. Mustafa Suphi ve yoldaşları 15 kişiydiler ve 28-29 Ocak 1921'de Sürmene açıklarında öldürüldüler.

Bizi önce yakıcı güneş çarptı. Plajda dolaşırken bu neredeyse tamamen çıplak, vücutları pişmiş toprak rengi, kuma uzanmış, güneşlenen gençleri hayranlıkla izledik. Geniş ve esnek göğüsleri, parlak ve şekilli sırtları, erimiş çikolata rengi karınları ve kimi zaman -ne yazık ki biraz da ender olarak- bronz rengi güzel ve şekilli vücutları vardı. Heykelleri andıran göğüsleri ve güneş yanığı, adaleli kolları görünüyordu.

Sıcak sokaklarda dolaşmış, yanlarından geçerken çarşaflı kadınlara hafifçe dokunmuş, Müslümanlara özgü cüppeler içinde yanıp kavrulan erkekler görmüştük. Manolya, servi ve palmiyelerin gölgesinde yürümüş, çok ince muslin kumaş elbiseler giymiş güzel Gürcü kız ve kadınlarıyla karşılaşmıştık. Ama açıkça söylemek gerekirse Batum'un ayırt edici özelliği güneşiydi.

Daha sonra aracımız bizi tepelere, kenti yukarıdan gören kırsala götürdü. Bu yolculuğun sonucunda -edebi anlamda- nemli, saydam ve tanımlanamaz zenginlikte ve güzellikte bir yeşil rengin bağrına girdik. Sanki anıt binalar kadar yüksek, inanılması güç güzellikte okaliptüs ağaçları gördük: Çok düzgün ve yuvarlak gövdeleriyle sanki tapınak sütunları gibiydiler. Aracımız yol aldıkça gökyüzü daha da görünmez oluyordu. Çok geçmeden evlerden ve insanlardan uzaktaki ana yola çıktık.

O sırada, sanki bir şok yaşadık. Çevremizi, burun deliklerimizi yakan, hiç de alışık olmadığımız taze ve çok yoğun bir yeşillik kokusu sarmıştı. Bu, içinde yol aldığımız sıcak çanağın otlarının ve suya aşina bitkilerinin kokusuydu. Yolun her iki tarafında da zaman zaman, bilardo masasının çuhasından daha yeşil, Normandiya'yı andıran tarlalar uzanıyordu. Dev ağaç gövdeleri, koyu ve yoğun bir gölge sağlıyordu. Zaman zaman yola atılmış, kalın ve uzun sarmaşık dallarına rastlıyorduk. Aracımız bunların üzerinden sarsılarak ve gürültüyle geçiyor, sonra yeniden bir yaprak denizine dalıyordu. Bunlar sanki insanı saran dost kolların ucundaki ellerden dökülen yastıklar gibiydi.

Nefeslerimiz kesiliyordu. Bunda, yaşadığımız şaşkınlık kadar, elbette bu çok yoğun doğa kokularının rolü de vardı. Batum'da senenin üç yüz gününde yağmur yağdığını, ekvator ikliminin egemen olduğunu önceden de biliyorduk, ama bu ortamı, yeşilin krallığını görüp de içinde yaşamadan tahmin edebilmek, mümkün değildi.

"Dört ya da beş gün önce gelmediğiniz için, gerçekten de çok şanslısınız", diyordu oralı arkadaşlar: "Yağmur, on beş gün boyunca aralıksız yağdı; bunu görmeliydiniz: Sanki gökyüzünün dibi delinmişti!.. Sanki Atlantik Okyanusu kalkıp gelmiş kentin ve çevresindeki yeşilin üzerine dökülmüştü! Seller, önlerine ne çıktıysa, -demiryolu raylarını, evlerin çatılarını ve köprüleri- sürükleyip götürdüler. Elektrik kesildi, ışık yoktu ve ilkel bir yaşam sürdürdük. Bizim için değişmeyen tek şey, yağmurun tepemizde ve yaprakların üzerinde sürekli tıpırdamasıydı! Sular, bir ışık huzmesine bile izin ve fırsat vermediler. Bu geçen iki hafta içinde küçük ağaçların büyüyüp uzadıklarını bile gördük…"

Yol, bakir bir tropik ormanın içinde kaybolup gitmiş bir orman açması gibiydi ve arabadan inmek zorunda kaldık. Önümüzde, ulaştığımız yükseklik bakımından harikulade bir bahçe uzanıyordu. Bu ormana girerken, aklımızdan hangi tanrılarla ya da herküllerle karşılaşacağımız sorusu geçiyordu.

Bu olağanüstü yoğun yapraklarla kıyaslandığında bizim yeşilliklerimiz, ağaçlarımız ve yapraklarımız ne kadar da zayıf ve cılız kalıyor! Ömrünüz boyunca o güzelim kızılağaç ormanlarını hayranlıkla seyretmişsiniz; ama gelin bir de yapraklarında ve gövdelerinde kan dolaşan şu kızılağaçlara bakın! İşte baobaplar ve daha bin çeşit dev ağaç, sanki anıtsal bir Bakire Meryem'i kutsamak için yeşermişler!.. Yağlı ve yoğun bir otla kaplı olan bu çayır, elbette ancak dev hayvanlardan oluşan bir sürüyü beslemek için olabilir; bu melezleme ancak doymak bilmez bir Gargantua için olabilir!...

Burada toprak bile bizim bildiğimiz topraktan farklıydı: Ayaklarımız bu süngersi ve hoş kokulu toprağa bastıkça, hafifçe gömülür gibi oluyordu. Hızla akan akarsuların ve sellerin yataklarında bıraktıkları izler, yağışın yoğunluğu hakkında açık bir fikir verebiliyordu. Bu yağışta dahi akıp gitmeyen bu topraklarda, canlıların kaslarına, etlerine benzer bir yoğunluk ve esneklik vardı. Onunla temas edildiğinde algılanan bu nemli dokunuş, bu yağlı ve esmer toprak sayesinde bu dev mimozaların ve diğer egzotik bitkilerin kazandıkları dev boyutları açıklayabiliyordu. Aralarda ender de olsa görülen boşlukları da çok uzun ve kılıç gibi sert sazlar ve kamışlar dolduruyordu. Ağaçların ve bitkilerin yaprakları yelpaze olarak kullanılabilecek kadar büyüktü. Portakal bahçelerindeki ağaçlar düzgün sıralar halinde uzanıyor, çay bahçeleri de tüm yamaçları kaplıyordu.

Bu bitki zenginliği ve çılgın sıklık içersinde, bir yandan da boğucu nem yüzünden soluğumuz kesildiği için yürümekte, ilerlemekte güçlük çekiyorduk. Beri yandan bu inanılmaz zenginlikteki doğa, hiç de hareketsizlik ve kımıltısızlık izlenimi vermiyordu; tam tersine, hemen hemen her yerde, bitip tükenmek bilmeyen bir hareketlilik seziliyordu. Dev kaktüslerin gölgesinde biten yaban incirleri, süs çiçekleri gibiydi. Yağışlardan çürümüş ve güneş şavkıdıkça parlayan kalın yaprak tabakasında biten manolyaların henüz açmamış çiçekleri koca koca devekuşu yumurtalarına benziyordu. Orkideler fıstık çamlarının gölgesinde biçimleniyor, sonuç olarak bu sürekli kımıldayan doğa, bitkilerin hiç ara vermeden büyümelerine tanık oluyordu. Her an çatlayan tohumların ve meyvelerin çıtırtıları duyuluyordu. Birbirine karışan yoğun kokular, bu bitki ve çiçek ormanlarının zenginliğinin simgesi gibi havada asılı kalıyordu. Kimi zaman bu kokulardan biri diğerini bastırıyor, tıpkı bir senfonide bazı notaların diğerlerinin önüne çıkması gibi ortama egemen oluyordu. Mesela bir ara yoğun bir reçina kokusu humusun çürümüş bereket kokusunu bastırıyor, ama yerini, hemen bir kaç adım ötede terebentin ya da limon kokusuna bırakıyordu...

Ve birdenbire, bir viraj dönüldüğünde, bir yol kavşağında, henüz on beş yaşlarında, kırmızı yanaklarından sağlık fışkıran ve kalçaları sanki yetişkin bir kadın kadar gelişmiş, kiraz rengi etli dudaklarıyla güler yüzlü bir kız çocuğu görünce, hiç şaşırmıyorduk. O topraktan sanki eşsiz bir çiçek gibi açmak, güneşin bitip tükenmeyen nimetleriyle beslenmek ve sonsuz çiçek tozlarını doğaya cömertçe saçmak için fışkırmış gibi görünüyordu...

Saatlerden beri bitip tükenmek bilmeyen simsiyah kayalar, kızıl renkli yersel oluşumlar, mavi yüksekliklerde kurumla kurulan eski konaklar ve dağları adeta güzel bir kadın boynu gibi süsleyen elmaslara benzeyen buzullar görüyorduk. Çarlar ve toprak soylusu boyarlar hazinelerini ve uçsuz bucaksız topraklarını gözden geçirirken ya da kölelerinin törensel geçişlerini izlerken, bu izlenimlere kapılıyor olsa gerekti... İnsana, artık hiçbir şey tarafından o kadar çok şaşırtılamaz olma duygusu egemen oluyordu; artık en olağanüstü güzellikler bile benzerlerini kanıksamış yürekleri etkileyemezmiş gibi geliyordu...

Kafkasları boydan boya geçerek termal sağlık merkezlerine de ulaşım imkânı veren o ünlü "askeri yol" buraya açılıyordu. Lermontof'un ünlü kahramanları; halen uyuyor musunuz? Söyle ey güzel Kazbiç, o güzel kehribar gözlerini kırpıştırarak açıp o çelik gibi güçlü bacaklarınla sıçramayacak, Kabartay ülkesinde dendiği gibi adeta "Karagöz" oyunu oynar gibi bin kısrak beslenen haraya yollanmayacak mısın? Ha! Ha! Evet, şarkı söyleyeceksin elbette; bunun değerini biliyorsun sen! Takunyalarından adeta kıvılcımlar saçarak koşacak ve billur sesinle şakıyacaksın:

*"Paran varsa dört karı al,
Ama iyi bir ata, paran yetmez..."*

Peki, ya Bela? Acaba Koyşarsk vadisinden geçip Araşva nehrini aşabilsek, o ceylan gibi çekingen ve ürkek güzeli o güzelim tatar kıyafetinin içersinde, lüle lüle siyah saçları omuzlarına dökülmüş olarak görebilir miyiz?.. Ya sen, Puşkin'in ünlü mahpusu, küçük teknesiyle denizlere açılan Kazak, baş örtüleri rüzgarda dalgalanan genç kızlar, yakışıklı subaylar, prensesler; artık hiç mi yoksunuz?

Hem zaman, hem de mekân duygumuzu yitirdik. Sadece tren garlarında verdiğimiz molaları fark edebiliyoruz. O zaman trenden hep beraber iniyor, ancak bir kaçımızın birlikte taşıyabileceğimiz kadar büyük bir karpuz, koskoca bir sepet kestane ya da çocuk kafası kadar büyük -sulu ve çok tatlı- şeftalilerle dolu bir sandık için pazarlık ediyor; iri taneli bir sepet üzüm, bir torba kerevit veya pişirilmiş bir balık için pazarlık ediyorduk. "Pazarlık" dediysek, bu lafın gelişi; çünkü bizler tren yavaş yavaş ilerlemeye başladığında vagonun yanı sıra koşarak bir şeyler haykıran çocukların ya da kadınların söylediklerinden hiçbir şey anlamıyorduk: Çünkü bunlar Tatarca ya da Gürcüce konuşuyorlardı.

Rusya'ya döndüğümüzden beri Türkiye hakkındaki tüm olumsuz ve acı veren anılarımı ve izlenimlerimi, bir tanesinin bile yüzeye çıkmasına izin vermeksizin, yaşadığım maceranın ve seyahatin sonuçlarına ilişkin yargılarımı etkilememeleri için daha sonra oradan çıkartıp tekrar değerlendirmek üzere belleğimin bir köşesine kaldırdım. Umutsuz bir ülkeden çıktığımı düşünüyor ve üzülüyordum. Ne var ki umutsuz ülke yoktur. Evet, ama çıkış noktası nerededir, nasıldır ve umut hangi kuşaklar için söz konusu olabilir?

Buna benzer cevaplanması güç sorularla baş edebilmek için herhangi bir girişimde bulunmaksızın kalbinin içine kapanmalı ve tüm dünyayı gözden geçirmelisin! Şafak mı söküyor yoksa gece mi iniyor? Böyle yaklaşıldığı takdirde yaşanan her anın ve birbirini izleyerek geçip giden tüm olayların farkında olmanın mümkün olamayacağı daha iyi anlaşılabilir. (Ama ben yine de kendimi, hiç durmadan o uzak Türkiye'yi ve o anlaşılmaz atmosferini düşünmekten alıkoyamıyorum!..)

... Ve işte böylece, hiç birimiz farkına varmaksızın -bunun için yemin edebilirim- dağları ve daracık vadileri geride bırakarak, yoksul ve çorak, sarı limon rengi, yer yer durgun göllerle bezenmiş dümdüz, umutsuz ve hüzünlü bir bölgeye geldik. Yörede hemen hemen hiçbir bitki yoktu. Pek az yerleşim görülebiliyordu: Bakü'ye yaklaşıyorduk.

... Ve günler birbirini kovalayarak geçiyordu. Hazar Denizi'nin tekdüze kıyıları boyunca yol aldık ve Kuban topraklarına girdik. İşte bozkır ve onun verdiği sonsuzluk duygusu, işte Kazakların rüzgârla ve özgürlükle kendilerinden geçtikleri ülke... Toprakların yeşilliği, hızla akan, dizginlenemeyen ırmaklarla çeşitli parçalara bölünmüş ve uzak ufuklar gırtlaklardan çıkan uzun çığlıkları yutup yok ediyor...

Rusya'nın gerçek anlamda merkezine yöneldiğimizden bu yana, Sourine kendine geldi. Trende, sigarası dudaklarında bir oraya, bir buraya gidiyor, kendisine sorulan soruları dinliyor, çekiç gibi cevaplar veriyor ve gıcırtılı sesiyle şarkılara eşlik ediyordu. O gerçekten de bu dikkatli, karmaşık ve ulaşılabilir halkın çocuğuydu; sıcaklığını herkese yayıyor , koskoca bir çanağın içinde basit bir damla gibi, ama diğer damlalarla iç içe geçerek ve onlara karışarak yaşıyor, beri yandan bir kıvılcım gibi koskoca bir ateşi yakabiliyordu. Ben o zamana dek hiç bu atmosferin, bu insanların, bu sessizliğin farkına bu kadar derinlemesine varmamıştım; artık bizlere bir bakışı yoktu: Onun için bu seyahat saatlerden bu yana bitmişti.

Serdier Rostov'da indi. Pierre ise daha Türkiye'deyken ciddi bir gıda zehirlenmesine uğramıştı ve hastalığı devam ediyordu. Bende neden kötü bir etki yaptıklarını bilemediğim bir sürü soruyu cevaplayacak sadece Cebet kalmıştı...

Bana Türkiye'yi hatırlatan sadece onun yüzü değildi; gözleri, sanki orada değilmiş gibi halleri, sırtının eğikliği, bozulmaz sessizliği, insanı tedirgin eden kaderciliği, renksiz ve az konuşan ağzıydı da...

Yanına oturdum. Sevgili dost Cebet, nasıl da görünmez bir bağla bağlandım sana!...

- Moskova'ya dönmekten memnun musunuz Cebet?

- Oh, beni biliyorsunuz Magdeleine arkadaş, ister Moskova'da, ister başka bir yerde, ben daima memnunum!

- Biliyorum Cebet, biliyorum; çalışma, devrimci görevler... Bütün bunların önemlerini öngörebilmek gerek. Biliyorum, sizin için biraz daha kolay: Sizi belli bir yere bağlayan belli birisi yok, insanı bozan bu duygu, size...

Cebet başını eğdi -hatta biraz kızardığı bile söylenebilirdi- gözlerinin sarıya çalan akları hafifçe maviye dönmüştü. Onun gibi yaşlı erkek çocuklarının hep çocuk kalmış bir yanları olurdu!

- Evet, bu duyguyu biliyorum.

Bu sözleri, sözcüklerini tartarak, altlarını çizen bir sesle söylemişti. Sonra, sanki çok fazla konuşmuş olmaktan ötürü pişman olmuş gibi bir an sustu ve arkasından sürdürdü:

- Evet, orada benim de karım ve canımdan çok sevdiğim iki kızım var... Onları tam beş yıldan beri görmedim. Türkiye'ye geri dönebilirsem, ki döneceğim, kuşkusuz onları bir daha hiç göremeyeceğim... Çünkü o zaman...

- Ama siz, nasıl...

- Başka türlü olamaz... Az önce doğru söylediniz: Devrimci görevler...

Beceriksizce bir hareketle ayağa kalktı ve inip çıkan adem elmasını ve koridorda uzaklaşan papuçlarını ancak görebildim. Birkaç adım sonra durdu; uzun kolları iki yanından sarkıyordu ve alnını da bir cama daya-mıştı...

Birdenbire göğsüm tuhaf bir duyguyla sıkıştı; aranan ve beklenen cevabı bulmuştum!

Tren hiç durmadan yol alıyordu; ovalar ovalara ekleniyor, tekerlekler, sanki bir değirmenin çarkları gibi hiç durmadan dönüyordu - tak tak ta tak tak- . Az sonra Riazan'a varacaktık, sonra da Tula, Tolstoy'un ağaçlarını görmeye çalışacağımız Isnaya Polyana; yarın da Moskova...

Ama, Asya'ya umut solukları üfleyen bu yerin adının ne önemi var? Taze ve sert bir rüzgar tarlalara doğru esti; güneş yeşil ve seyrek otları sarartarak ve pencerenin camına takılı kalmış gözlerimi yakıp tutuşturarak sanki sorularımı cevaplamak isteyen koskocaman sarı bir tekerlek gibi gökyüzünde asılı kaldı...